外研社·HSK
HSK Class

VOCAB

◎ 外研社国际汉语研究

HSK
词汇突破
（第2版）

4级

含600词

外语教学与研究出版社·北京

图书在版编目（CIP）数据

HSK词汇突破.4级 / 外研社国际汉语研究发展中心编. — 2版. — 北京：外语教学与研究出版社，2016.1（2024.4重印）
外研社·HSK课堂系列
ISBN 978-7-5135-7114-2

Ⅰ.①H… Ⅱ.①外… Ⅲ.①汉语－词汇－对外汉语教学－水平考试－自学参考资料 Ⅳ.①H195.4

中国版本图书馆CIP数据核字(2016)第032486号

出版人	王 芳
选题策划	李彩霞 于 辉 郑丽慧
责任编辑	李彩霞 郑丽慧
装帧设计	姚 军
出版发行	外语教学与研究出版社
社　　址	北京市西三环北路19号（100089）
网　　址	https://www.fltrp.com
印　　刷	大厂回族自治县益利印刷有限公司
开　　本	880×1230　1/64
印　　张	2.5
版　　次	2016年3月第2版 2024年4月第9次印刷
书　　号	ISBN 978-7-5135-7114-2
定　　价	23.00元

如有图书采购需求，图书内容或印刷装订等问题，侵权、盗版书籍等线索，
请拨打以下电话或关注官方服务号：
客服电话：400 898 7008
官方服务号：微信搜索并关注公众号"外研社官方服务号"
外研社购书网址：https://fltrp.tmall.com

物料号：271140001

编写说明

本套"HSK 词汇突破系列"自 2011 年陆续出版后深受广大 HSK 考生和教师的欢迎，销量居 HSK 辅导图书前列，各分册均多次重印。2015 年，孔子学院总部/国家汉办对 2009 版 HSK 大纲进行了修订，对词汇大纲也进行了调整。为顺应新大纲的要求，同时结合广大读者对第 1 版提出的宝贵意见和建议，我们修订编写了这套"HSK 词汇突破系列"第 2 版。

《HSK 词汇突破·4 级》（第 2 版）由 HSK 4 级词汇组成，词汇按音序排列，以方便考生查找。本书根据 2015 版 HSK 词汇大纲，在第 1 版的基础上进行了相应的增补和删改，共计新增词条 8 个，删除词条 13 个，与其他等级之间互调词条 154 个，并对部分词条的词性、拼音、搭配、例句等进行了内部修订。此外，本书将新版词汇大纲中的"附表 1：重组默认词"在相应词条下作为"扩展词"呈现，将"附表 3：特例词"中的专有名词融入例句中呈现，并将新版词汇大纲中的 3 个附表完整呈现在本书的附录部分，为学习者进行补充、扩展学习提供了方便。

《HSK 词汇突破·4 级》是"外研社·HSK 课堂系列"中的一本。"外研社·HSK 课堂系列"是一套训练学生听、说、读、写各方面技能的综合性考试教材,包括"21天征服HSK教程""HSK专项突破""HSK词汇(含词汇突破、词汇宝典)""HSK通关:攻略·模拟·解析"以及"HSK全真模拟试题集"五个子系列。"HSK词汇突破"是一套词汇手册,共含四本:《HSK词汇突破·1-3级》《HSK词汇突破·4级》《HSK词汇突破·5级》以及《HSK词汇突破·6级》。本套手册由具备丰富HSK教学经验的教师编写,内容涵盖了HSK大纲中的1-6级词汇。

　　《HSK词汇突破·4级》在内容和编排上充分考虑到学习者的需求。在内容方面,严格按照新版HSK 4级大纲收录词汇,以满足HSK 4级考试的备考需要。在体例设计上,为生词加注了汉语拼音、英文翻译、常用词语搭配及例句,部分生词还列出了其扩展词(重组默认词)、同义词或反义词。其中,常用词语搭配源于HSK真题中常出现的考点,便于考生提前熟悉考试;例句尽量不出现超纲词,所出现的少量超纲词均为常用词,且配有拼音和英文翻译,所以不会增加考生的学习负担,考生还可以此扩大自己的词汇量。

　　本手册采用口袋书的形式,便于携带,可方便考生随时随地记词汇。

　　作为便携式小词典,本套手册不仅适合参加HSK的考生作考前强化训练,也适合其他汉语学习者随时查阅,可帮助汉语学习者迅速掌握日常生活中经常遇到的汉语词汇。

  在编写过程中，研究生褚秀丽、谈琛、覃春红、宾蓉、张妮、周冠男收集了大量资料，做了很多工作，在此表示诚挚的谢意！

  欢迎广大读者使用本书并批评指正，以便我们及时修订。

外研社国际汉语研究发展中心
2016 年 1 月

A

爱情 àiqíng *n.* love	【配】浪漫的爱情，爱情故事 【例】罗密欧与朱丽叶的爱情故事真让人感动。
安排 ānpái *v.* arrange	【配】安排工作，重新安排 【例】① 现在我来安排一下这个星期的工作。 ② 大家的房间都安排好了。
安全 ānquán *adj.* safe, secure	【配】注意安全，很安全 【例】① 请大家注意自己的财产安全。 ② 你住在这里很安全，别担心。 【反】危险
按时 ànshí *adv.* on time	【配】按时上课 【例】这次的作业下周一交，请大家按时完成。
按照 ànzhào *prep.* according to	【配】按照要求 【例】① 按照规定，这里是不能停车的。 ② 按照我们的约定，今天轮到你打扫卫生了。

B

百分之 bǎifēnzhī percent	【配】百分之百,百分之一 【例】① 百分之八十的学生要参加这次活动。 ② 这次考试,我们百分之百能通过。
棒 bàng adj. excellent, wonderful	【配】很棒,身体棒 【例】① 你真的很棒! ② 你的字写得真棒!
包子 bāozi n. steamed stuffed bun	【配】一个包子,肉包子 【例】① 他把包子都吃完了。 ② 我要两个肉包子。
保护 bǎohù v. protect	【配】保护环境 【例】小动物是我们的朋友,我们要保护它们。 【同】爱护 (àihù) 【反】破坏 (pòhuài)

保证 bǎozhèng *v.* guarantee	【配】向你保证，保证完成 【例】① 我们保证按时完成任务。 ② 我保证准时到公司。 【扩】保修期 (bǎoxiūqī; warranty period)
报名 bàomíng *v.* sign up	【配】报名参加，电话报名 【例】① 我报名参加了这次运动会。 ② 大家可以在网上报名参加本次活动。
抱 bào *v.* hold in arms, hug	【配】抱紧 【例】① 张大姐抱着她儿子来了。 ② 他们俩紧紧地抱在一起。
抱歉 bàoqiàn *adj.* sorry	【配】十分抱歉 【例】① 真抱歉，我来晚了。 ② 他对自己的迟到感到很抱歉。
倍 bèi *m.* fold	【配】倍数，翻倍 【例】① 10 是 5 的倍数。 ② 今年白菜的价格比去年翻了两倍。 【扩】加倍 (jiābèi; double)

本来
běnlái
adv./adj.
originally;
original

【配】本来不想，本来的颜色
【例】① 本来我们要出去的，可突然下雨了，就没出去。
② 我还是喜欢你本来的样子。

笨
bèn
adj. stupid,
dull, foolish

【配】很笨，笨手笨脚
【例】① 他很笨，什么也不会干。
② 他做事总是笨手笨脚的。
【反】聪明
【扩】笨蛋 (bèndàn; idiot)

比如
bǐrú
v. for example

【配】比如说
【例】① 这里有很多好玩的地方，比如说公园。
② 我们要讲礼貌，比如见到老师的时候要打招呼。

毕业
bìyè
v. graduate

【配】快毕业了
【例】① 我们6月份就要毕业了。
② 毕业之后，我就再也没见过她了。

遍 biàn *m.* time	【配】三遍，一遍遍 【例】① 这本书我读了三遍。 ② 她很喜欢这部电影，看了一遍又一遍。
标准 biāozhǔn *adj./n.* standard	【配】标准动作，很标准，新标准 【例】① 你的中文发音很标准。 ② 这道题的标准答案是"B"。 ③ 你认为成功的标准是什么？
表格 biǎogé *n.* table	【配】一份表格，填写表格 【例】请在表格中填写你们的姓名、年龄等信息。
表示 biǎoshì *v.* show, indicate	【配】表示关心，表示同意 【例】① 对他的想法，我们都表示同意。 ② 他戴着结婚戒指 (jièzhi; ring)，表示他已经结婚了。
表演 biǎoyǎn *v.* perform	【配】表演节目 【例】① 今年元旦 (Yuándàn; New Year's Day)，我们班每个人都要表演节目。 ② 你昨天晚上表演得好极了。

表扬 biǎoyáng v. praise	【配】受到表扬，表扬某人 【例】① 小明听课很认真，受到了老师的表扬。 ② 小丽帮妈妈干活，妈妈表扬了她。 【同】赞扬 (zànyáng) 【反】批评
饼干 bǐnggān n. biscuit, cracker	【配】一块饼干，吃饼干 【例】① 这种巧克力饼干很好吃。 ② 她又吃了一块饼干。
并且 bìngqiě conj. and, besides	【例】① 他按时完成了任务，并且完成得非常好。 ② 她不仅学会了做饭，并且还学会了洗衣服。
博士 bóshì n. doctor (PhD)	【配】博士学位，文学博士 【例】① 她在北京大学读博士。 ② 他已经获得了博士学位。 【扩】学士 (xuéshì; bachelor) 硕士 (shuòshì; master)

不过 búguò *conj./adv.* but, however; only	【例】① 他口语很好，不过写作不太好。 ② 她不过才 5 岁，就会帮妈妈干活了。
不得不 bùdébù have to	【例】① 图书馆要关门了，我们不得不离开了。 ② 我不得不说，你这首歌唱得太好了。
不管 bùguǎn *conj.* no matter (what, who, when, where, how), despite	【配】不管……都……，不管……也…… 【例】① 不管你来自哪个国家，你都可以学好汉语。 ② 不管天气怎么样，我明天也要去看你。
不仅 bùjǐn *conj.* not only... (but also...)	【配】不仅……也……，不仅……而且…… 【例】① 这个节目不仅我喜欢看，爸爸也喜欢看。 ② 这件衣服不仅漂亮，而且很便宜。

| 部分 bùfen *n.* part, section | 【配】大部分，一部分
【例】① 大部分同学都去过天安门了。
② 这篇文章由五个部分组成。
【扩】整体 (zhěngtǐ; entirety) |

C

擦 cā *v.* wipe clean, rub, spread on	【配】擦玻璃，擦伤 【例】① 我们把玻璃擦得很干净。 ② 小李摔伤了，医生给他擦了药水。 【扩】摩擦 (mócā; rub)
猜 cāi *v.* guess	【配】猜谜语，猜出 【例】① 我总是能猜到她在想什么。 ② 大家猜一猜，这个盒子里面是什么？
材料 cáiliào *n.* material	【配】一种材料，整理材料 【例】① 他打算写小说，现在在整理材料。 ② 建房子需要的材料有水泥、木材等。

参观 cānguān *v.* visit	【配】参观学习 【例】① 欢迎大家来我们学校参观。 ② 今天我们参观了清华大学。 【扩】观看 (guānkàn; watch, see)
餐厅 cāntīng *n.* dining room, restaurant	【配】学生餐厅，中餐厅，西餐厅 【例】① 我们每天都在学校的餐厅吃饭。 ② 公司旁边有一个西餐厅。 【扩】餐桌 (cānzhuō; dining table)
厕所 cèsuǒ *n.* toilet	【配】上厕所，公共厕所 【例】① 这个公共厕所很干净。 ② 她去上厕所了。 【同】卫生间，洗手间
差不多 chàbuduō *adv./adj.* almost, nearly; similar	【配】差不多一样，和……差不多 【例】① 我跟你差不多大。 ② 这项工作差不多半个小时就可以完成。 ③ 他们俩长得差不多。

长城 Chángchéng *n.* the Great Wall	【配】万里长城 【例】① 我们明天去登长城。 ② 万里长城非常雄伟(xióngwěi; imposing)。
长江 Cháng Jiāng *n.* the Yangtze River	【配】奔腾的长江 【例】① 长江是中国最长的河。 ② 长江全长 6397 千米。
场 chǎng *m.* (used for sports and recreation)	【配】一场球赛 【例】① 我们刚看了一场电影。 ② 今天这场比赛很精彩。
超过 chāoguò *v.* overtake, surpass	【配】远远超过，超过你 【例】① 他从左边超过了前面那辆车。 ② 报名的人已经超过两百了。

成功 chénggōng *v./adj.* succeed; successful	【配】成功人士，取得成功，成功的活动 【例】① 经过一年的努力，她终于成功了。 ② 他成功地完成了任务。 ③ 这是一次成功的活动。
成为 chéngwéi *v.* become	【配】成为英雄 【例】① 他终于成为了一位舞蹈家。 ② 这里成为了我们的新家。
诚实 chéngshí *adj.* honest	【配】很诚实 【例】① 这孩子很诚实。 ② 诚实是一种美德。
乘坐 chéngzuò *v.* take, ride	【配】乘坐飞机 【例】① 欢迎您乘坐地铁一号线。 ② 在北京乘坐公交车很方便。 【扩】乘客 (chéngkè; passenger)
吃惊 chījīng *v.* be surprised	【配】感到吃惊 【例】① 你的汉语进步这么快，真让我吃惊。 ② 他对我的到来感到很吃惊。

重新 chóngxīn *adv.* again, anew, afresh	【配】重新开始 【例】① 这个字没写好，我重新写一遍。 ② 我们把这些材料重新整理一下吧。
抽烟 chōuyān *v.* smoke	【配】喜欢抽烟，不抽烟 【例】① 请不要在这个房间里抽烟。 ② 抽烟有害健康。
出差 chūchāi *v.* go away on a business trip	【配】去上海出差 【例】① 小李明天去杭州出差。 ② 小张这次要出差一个月。
出发 chūfā *v.* start off, set out, leave	【配】马上出发 【例】① 你什么时候出发去美国？ ② 我们马上就要出发了。
出生 chūshēng *v.* be born	【配】在北京出生，出生于 【例】① 1996年小明出生于北京协和医院。 ② 这里就是我出生的地方。

出现 chūxiàn *v.* appear	【配】出现问题 【例】① 昨天刚买的照相机今天就出现了问题。 ② 新出现的变化让他很担心。
厨房 chúfáng *n.* kitchen	【配】在厨房，一间厨房 【例】① 妈妈很喜欢她的厨房，每天都打扫得很干净。 ② 他家的厨房真大！
传真 chuánzhēn *n.* fax	【配】发传真 【例】① 请你把资料用传真发过来。 ② 你收到我发给你的传真了吗？ 【扩】传真机 (chuánzhēnjī; fax machine)
窗户 chuānghu *n.* window	【配】一扇窗户，打开窗户 【例】① 起风了，把窗户关上吧。 ② 我们把窗户擦干净了。 【扩】车窗 (chēchuāng; car/train window)

词语 cíyǔ *n.* word	【例】① 这一课有五个已经学过的词语。 ② 写作业的时候，如果有不认识的词语，记 (jì; record) 一下。
从来 cónglái *adv.* always, all along	【配】从来没有，从来不 【例】① 我从来没见过这么漂亮的花。 ② 我从来不穿裙子。
粗心 cūxīn *adj.* careless, thoughtless	【配】很粗心，粗心的人 【例】① 请大家认真做题，不要粗心。 ② 他太粗心了，又忘带钥匙了。 【同】大意 (dàyi)
存 cún *v.* store up, deposit	【配】存钱 【例】① 仓库 (cāngkù; storehouse) 里存了很多粮食。 ② 他一会儿要去银行存点儿钱。 【扩】存放 (cúnfàng; leave sth with sb)

错误 cuòwù *n./adj.* mistake; wrong	【配】改正错误，错误答案 【例】① 发现了错误就要及时改正。 ② 你现在在用错误的方法处理问题。 【反】正确

D

答案 dá'àn *n.* answer, key	【配】标准答案，正确答案 【例】① 这道题的正确答案是"B"。 ② 这就是我想要的答案。
打扮 dǎban *v.* trick up, dress up, make up	【配】好好打扮 【例】① 今天她打扮得很漂亮。 ② 你好好打扮打扮，还是挺漂亮的嘛。
打扰 dǎrǎo *v.* disturb	【配】打扰一下 【例】上课的时候，请不要来打扰我们。

打印 dǎyìn v. print	【配】打印相片 【例】① 请把这份材料打印出来。 ② 这个表格我打印了20份。 【扩】打印机 (dǎyìnjī; printer)
打招呼 dǎ zhāohu greet, say hello (to)	【例】① 不同国家的人见面打招呼的方式不一样。 ② 他不喜欢和陌生人打招呼。
打折 dǎzhé v. sell at a discount, give a discount	【配】打五折,打折商品 【例】① 这款手机现在打八折。 ② 这件衣服能不能打折?
打针 dǎzhēn v. give or get an injection	【配】打一针 【例】① 很多小孩子都怕打针。 ② 你这个病,打两针就好了。

HSK词汇突破·4级 / **17**

大概 dàgài *adv.* briefly, probably, presumably	【例】① 她今天大概不会来了。 ② 你大概 5 点的时候去吧。
大使馆 dàshǐguǎn *n.* embassy	【配】美国大使馆 【例】英国大使馆就在那边。
大约 dàyuē *adv.* approximately, about, probably	【配】大约 10 点钟，大约 10 个人 【例】① 他养了大约 500 只鸡。 ② 我大约 5 月份回国。
大夫 dàifu *n.* doctor	【配】一位大夫，主治大夫 【例】① 别着急，大夫马上就来了。 ② 这位大夫的医术非常好。 【同】医生
戴 dài *v.* wear, put on	【配】戴帽子，戴手套 【例】① 外面冷，把围巾戴上吧。 ② 你今天戴的这顶 (dǐng; 　　*m.*) 帽子真好看。

当 dāng *v./prep.* work as; when, while, at a certain time or place	【配】	当班长，当着大家，当……的时候
	【例】	① 他当上了市长。 ② 你当着大家的面，把事情说清楚。 ③ 每当我看到这棵树，总是会想起奶奶。
当时 dāngshí *n.* at that time, then	【例】	① 当时，大家还不认识他。 ② 当时，电脑还不普及。
刀 dāo *n.* knife	【配】	一把刀
	【例】	① 这把刀很锋利。 ② 你用那把刀切菜吧。
导游 dǎoyóu *n.* tour guide	【配】	一位导游，当导游
	【例】	① 这个导游说话很有趣，逗得大家哈哈笑。 ② 到了杭州，我们得找个导游。

到处 dàochù *adv.* all places, every place	【配】到处都是 【例】① 假期的时候，公园里到处都是游人。 ② 春天，到处开着美丽的花。
到底 dàodǐ *adv.* on earth (used in a question for emphasis), at last	【配】到底为什么，到底去不去 【例】① 你到底想说什么？ ② 到底还是你厉害，这么难的题一下就做出来了。
倒 dào *v.* pour	【配】倒咖啡，倒茶 【例】① 服务员给我们倒了一杯果汁。 ② 我给您倒杯水吧。
道歉 dàoqiàn *v.* apologise	【配】向你道歉，诚恳地道歉 【例】① 这件事是我不对，要向你道歉。 ② 做错了事要勇于道歉。

得意 déyì *adj.* be proud of oneself, be complacent	【配】很得意，得意之作 【例】① 这幅画是他的得意之作。 ② 别得意得太早，你还不一定能赢呢。
得 děi *v.* have to, must	【配】得走了 【例】① 天快黑了，我们得回家了。 ② 这次机会难得 (dé)，你得 (děi) 好好表现。
登机牌 dēngjīpái *n.* boarding pass	【配】出示 (chūshì; show) 登机牌 【例】① 我们该去换登机牌了。 ② 他检查了我们的登机牌。
等 děng *aux.* and so on, etc	【配】A、B、C 等 【例】① 今天的菜有黄瓜、鸡蛋、牛肉等。 ② 张小松、高欣欣、刘明等人参加了今天的会议。

低 dī *adj.* low	【配】很低，低年级，水平低 【例】① A：这样可以吗？ 　　　　B：再低一点儿。 　　② 低年级的同学站在前面。 　　③ 我只学了一年汉语，我的汉语水平还很低。
底 dǐ *n.* bottom, end of a year or month	【配】没底，年底 【例】① 这件事，我心里没底。 　　② 月底我要去一趟上海。
地点 dìdiǎn *n.* place, site	【配】上课地点，报名地点 【例】① 开会地点是二楼的会议室。 　　② 这个故事发生的地点是长城。 　　③ 他们把见面的地点定在了北京。
地球 dìqiú *n.* earth	【配】在地球上 【例】① 我们只有一个地球，所以应该好好保护它。 　　② 地球是我们的家园。

地址 dìzhǐ *n.* address	【配】详细地址 【例】① 请把你的地址告诉我，我好寄东西给你。 ② 你按这个地址去找她吧。 【扩】住址 (zhùzhǐ; address)
调查 diàochá *v.* investigate, survey	【配】仔细调查，调查报告 【例】① 调查发现 65% 的大学生喜欢在网上购物。 ② 警察正在仔细调查这个案件。
掉 diào *v.* fall, lose, get rid of	【配】从……掉下来，扔掉 【例】① 她不小心从车上掉了下来。 ② 他下午掉了 20 块钱。 ③ 小明改掉了迟到的坏习惯。
丢 diū *v.* lose, throw	【配】弄丢，丢面子 【例】① 小心，别把手机弄丢了。 ② 不要乱丢果皮。 【同】扔

动作 dòngzuò *n.* action	【配】一个动作，动作灵活，动作电影 【例】① 这一节体操由五个动作组成。 ② 大家都爱看成龙的动作电影。
堵车 dǔchē *v.* be traffic-jammed	【配】又堵车了 【例】① 路上堵车，我得晚点儿才能到。 ② 最近这里在修路，老是堵车。
肚子 dùzi *n.* belly	【配】拉肚子，肚子疼 【例】① 小李吃了不卫生的东西，肚子疼。 ② 他一天没吃饭，肚子饿得咕咕叫。
短信 duǎnxìn *n.* short message	【配】一条短信，发短信 【例】① 一有消息我就给你发短信。 ② 我收到你的短信了。

对话 duìhuà *n./v.* dialogue; have a dialogue	【配】一段对话，开始对话，保持对话 【例】① 现在大家分组练习一下这段对话。 ② 这个故事里的对话很精彩。 ③ 双方有了问题应该通过对话解决。
对面 duìmiàn *n.* opposite, front	【配】住在对面，对面的房子 【例】① 她家就住我家对面。 ② 对面走来一个人。
对于 duìyú *prep.* with regard to, as to	【例】① 对于这个问题，大家还有什么意见？ ② 对于他来说，这是个很好的消息。

E

儿童
értóng
n. children

【配】少年儿童
【例】① 请把这些药放在远离儿童的地方。
② 在北京,不超过1.3米的儿童可以免费坐公交车。
【扩】儿童节 (Értóng Jié; Children's Day)

而
ér
conj. and, but

【例】① 这里的人们热情而友好。
② 你明明能帮他,而你却没有这么做。

F

发生
fāshēng
v. happen, take place

【配】发生地震,没有发生
【例】① 昨天那栋楼发生了火灾。
② 今天没有发生什么特别的事。

发展
fāzhǎn
v. develop, expand, grow

【配】发展经济,迅速发展
【例】① 我们要大力发展农业。
② 这座城市最近几年发展得很快。

法律 fǎlǜ *n.* law	【配】一条法律，相关法律，法律条文 【例】法律面前，人人平等。
翻译 fānyì *v./n.* translate, interpret; translator, interpreter	【配】翻译成……，一位翻译 【例】① 请帮我把这段话翻译成英文。 ② 这位是我们今天的翻译。
烦恼 fánnǎo *adj.* annoyed, worried	【配】一些烦恼 【例】① 这件事情让我很烦恼。 ② 你这是自寻烦恼。
反对 fǎnduì *v.* oppose, act against	【配】反对意见，遭到反对 【例】① 我一开始就反对他们这么做。 ② 这个想法遭到了大家的一致反对。 【反】赞成 (zànchéng)

方法 fāngfǎ *n.* method	【配】学习方法，简单的方法 【例】① 学习要讲究方法。 ② 运动是最好的减肥方法。
方面 fāngmiàn *n.* aspect	【配】一方面……，另一方面…… 【例】① 要想学好汉语，我们一方面要多听，另一方面还应该多说。 ② 在历史学方面，他是专家。
方式 fāngshì *n.* way, mode	【配】生活方式，生产方式 【例】① 这是我的联系方式，保持联系。 ② 这几十年人们的生活方式发生了很大改变。
方向 fāngxiàng *n.* direction	【配】正确的方向 【例】① 莉莉在山里迷失了方向。 ② 我家和你家在同一个方向，我们一起走吧。
房东 fángdōng *n.* landlord or landlady	【配】新房东 【例】① 他是我原来的房东。 ② 这个房东的态度很好。

放弃 fàngqì *v.* give up, abandon	【配】不要放弃，放弃希望 【例】① 你不要放弃这个好机会。 ② 我不能放弃努力。
放暑假 fàng shǔjià have a summer vacation	【例】① 我们7月3号开始放暑假。 ② 这次放暑假我打算去旅行。
放松 fàngsōng *v.* loosen, relax	【配】放松绳子，放松心情 【例】① 你放松一点儿，不要那么紧张。 ② 工作一天了，你应该放松一下。
份 fèn *m.* part, portion	【配】每份，一份报纸 【例】① 您好，我要一份套餐。 ② 他毕业之后，找到了一份好工作。

丰富 fēngfù *adj.* rich, abundant	【配】丰富的经验，很丰富 【例】① 他有丰富的电脑知识。 ② 我们的课余生活丰富多彩。 【反】贫乏 (pínfá)
否则 fǒuzé *conj.* otherwise	【例】① 两点之前必须到，否则不能参加考试。 ② 你一定要多开口说，否则是学不好汉语的。
符合 fúhé *v.* accord with, conform to	【配】符合要求，完全符合 【例】① 这篇文章是符合事实的。 ② 这首歌很符合我现在的心情。
父亲 fùqīn *n.* father	【配】我的父亲 【例】① 我的父亲是一位老师。 ② 小明的父亲来看他了。
付款 fùkuǎn *v.* pay (a sum of money)	【配】现金付款，付款方式 【例】① 您可以选择一次性付款或分期付款 (fēnqī fùkuǎn; instalment)。 ② 在网上买书可以货到付款。

负责 fùzé *adj./v.* responsible; take charge (of)	【配】很负责，负责扫地 【例】① 他对工作很负责。 ② 你负责查资料，我负责完成报告。
复印 fùyìn *v.* copy	【配】复印资料，复印一份 【例】① 请帮我把这本书复印一下。 ② 这个表格，我复印了100份。 【扩】复印机 (fùyìnjī; copy machine)
复杂 fùzá *adj.* complicated, complex	【配】很复杂，复杂的关系 【例】① 这个问题很复杂，不是几句话能说清楚的。 ② 听了这个故事，我的心情很复杂。 【反】简单
富 fù *adj.* rich, wealthy	【配】富裕 【例】这条路修好之后，当地的人们富了起来。 【扩】富有 (fùyǒu; rich, wealthy)

G

改变 gǎibiàn *v.* change	【配】做出改变，很难改变，改变想法 【例】① 他做出的决定没人能改变。 ② 我想改变一下发型。
干杯 gānbēi *v.* cheers, drink a toast	【配】干一杯，为……干杯 【例】为了我们的友谊，干杯！
赶 gǎn *v.* catch up with, rush for	【配】赶火车，赶作业，赶到医院 【例】① 明天下午我要赶飞机回家。 ② 我在八点之前赶到了教室。 ③ 她昨天晚上一直在赶作业。
敢 gǎn *v.* dare	【例】① 晚上我敢一个人出门，你呢？ ② 我不敢开车。

感动 gǎndòng *v.* move, touch, be moved	【配】很感动，受感动 【例】① 他的事迹感动了大家。 ② 这个电影让我深受感动。
感觉 gǎnjué *v./n.* feel; feeling	【配】感觉很好，想家的感觉 【例】① 我感觉不到你的变化。 ② 听了这个故事，我有一种心痛的感觉。
感情 gǎnqíng *n.* emotion	【配】感情丰富，有感情 【例】① 他是个感情丰富的人。 ② 他对这棵树有着特殊的感情。 【扩】亲情 (qīnqíng; emotional tie)
感谢 gǎnxiè *v.* thank	【配】感谢你，表示感谢 【例】① 感谢你这几天对我的照顾。 ② 对于你的帮助，我们全家表示衷心的感谢。

干 gàn *v.* do	【配】干活,干什么 【例】① 他想干一件大事。 ② 你在干什么?
刚 gāng *adv.* just, just now, exactly	【配】刚走,刚合适 【例】① 他刚走,你应该能追上。 ② 我刚走出家门,就下起了大雨。 ③ 你穿这件衣服刚好,不大不小。
高速公路 gāosù gōnglù motorway, freeway	【配】修建 (xiūjiàn; build) 高速公路 【例】① 这里新修建了一条高速公路。 ② 高速公路给人们带来了很多方便。
胳膊 gēbo *n.* arm	【配】一只胳膊 【例】① 他的一只胳膊受伤了。 ② 她悄悄地碰 (pèng; touch) 了一下我的胳膊。

各 gè *pron.* every	【配】各年级，各地 【例】① 请各班班长过来一下。 ② 各地有各地的风俗。
工资 gōngzī *n.* salary, wage	【配】领工资，工资单 【例】① 我们公司每月5号发工资。 ② 老板说下个月给我涨工资。 【同】薪水 (xīnshui)
公里 gōnglǐ *m.* kilometre	【配】1公里 【例】① 从北京到天津有100多公里。 ② 我们今天走了30公里路。
功夫 gōngfu *n.* skill, kung fu	【配】功夫深，中国功夫 【例】① 他在书法方面的功夫很深。 ② 很多外国朋友都喜欢中国功夫。
共同 gòngtóng *adj.* common, mutual	【配】共同目标，共同完成 【例】① 打篮球是我们的共同爱好。 ② 小张和小李共同完成了这项任务。

购物 gòuwù *v.* go shopping	【配】去超市购物 【例】① 现在年轻人都喜欢网上购物。 ② 今天我和姐姐一起去超市购物了。 【扩】购买 (gòumǎi; buy, purchase) 选购 (xuǎngòu; choose and buy)
够 gòu *v.* suffice, be enough	【配】不够 【例】① 我吃一碗饭就够了。 ② 钱够不够花?
估计 gūjì *v.* estimate, appraise	【配】据估计 【例】① 下雨了,估计他不会来了。 ② 这间房子装修估计要10万块钱。
鼓励 gǔlì *v.* encourage	【配】鼓励他,受到鼓励 【例】① 他鼓励我参加唱歌比赛。 ② 老师的表扬给了他很大的鼓励。

故意 guyì adv. intentionally, purposely	【例】① 对不起,我不是故意迟到的。 ② 他故意装作没听见我说话。 【同】成心 (chéngxīn)
顾客 gùkè n. customer	【配】顾客至上,一位顾客 【例】① 您是我们店的老顾客了,给您打个八折。 ② 那家饭店的菜味道很好,顾客很多。
挂 guà v. hang, hang up	【配】挂起来,挂衣服,挂电话 【例】① 墙上挂着一幅画。 ② 您别挂电话,我去叫他。
关键 guānjiàn n./adj. key; crucial	【配】关键人物,很关键 【例】① 找到正确的方法是解决问题的关键。 ② 现在是这场比赛的关键时刻。

观众 guānzhòng *n.* audience, viewer	【配】一群观众，一位观众 【例】① 这部电视剧受到观众的一致好评。 ② 观众对他的表演报以热烈的掌声。 【扩】听众 (tīngzhòng; listener, audience)
管理 guǎnlǐ *v.* manage, look after	【配】管理班级，有效地管理 【例】① 校长要管理整个学校。 ② 李老师负责管理孩子们的日常生活。
光 guāng *adv./adj.* only, merely; used up	【配】光吃菜，用光 【例】① 你不要光喝酒，不吃菜。 ② 不要光说不做。 ③ 妹妹把家里的巧克力都吃光了。
广播 guǎngbō *n./v.* broadcast	【配】听广播，广播电台 【例】① 欢迎收听中央人民广播电台的节目。 ② 这个通知在中午广播。

广告
guǎnggào
n. advertisement

【配】做广告,广告公司
【例】① 这个手机广告做得真好。
② 这家公司上个月花了100万做广告。

逛
guàng
v. stroll, ramble, roam

【配】闲逛,逛街
【例】① 别在这儿闲逛了,快回家。
② 咱们明天逛街去吧。

规定
guīdìng
v./n. prescribe; rule

【配】规定标准,相关规定
【例】① 老师规定每个学生暑假要读五本书。
② 请遵守相关规定。

国籍
guójí
n. nationality

【配】中国国籍,日本国籍
【例】① 他们是不同国籍的学生。
② 你是什么国籍?

国际
guójì
adj. international

【配】国际关系,国际会议
【例】① 近几年,中国的国际地位不断提高。
② 我们派小宁去参加这次国际比赛。

果汁 guǒzhī *n.* fruit juice	【配】一杯果汁，喝果汁 【例】① 我要买杯果汁。 ② 美真特别喜欢喝果汁。
过程 guòchéng *n.* process, course	【配】这个过程，必经的过程 【例】① 学习汉语的过程充满乐趣。 ② 通过参观，我们了解了汽车的生产过程。 【扩】旅程 (lǚchéng; journey)

H

海洋 hǎiyáng *n.* seas and oceans	【配】海洋公园 【例】① 海洋占地球面积的71%。 ② 你知道海洋是怎么形成的吗？ 【扩】大海 (dàhǎi; sea) 海水 (hǎishuǐ; seawater)
害羞 hàixiū *adj.* shy	【配】很害羞，害羞的女孩 【例】① 他小时候很害羞。 ② 别害羞嘛，给大家唱首歌。

寒假 hánjià *n.* winter vacation	【配】放寒假 【例】① 大家都希望快点儿放寒假。 ② 这次寒假,我要去海南玩。 【扩】寒冷 (hánlěng; cold, frigid)
汗 hàn *n.* sweat	【配】流汗,一身汗 【例】① 他满头大汗地跑了过来。 ② 他打完篮球,衣服都被汗湿透了。
航班 hángbān *n.* flight	【配】一次航班,CZ3507 次航班 【例】① 由于下大雪,约 200 次航班被取消。 ② 乘客您好,欢迎乘坐中国国际航空公司的航班。
好处 hǎochù *n.* benefit, advantage	【配】有好处,好处很多 【例】① 多看中文报纸,对学习汉语是很有好处的。 ② 喝茶对身体有很多好处。 【反】坏处 【扩】长处 (chángchù; merit, strong point)

好像 hǎoxiàng *v./adv.* be like, seem; seem like	【配】好像是的，A 好像 B 【例】① 他的脸好像一个红苹果。 ② 天黑黑的，好像要下雨了。
号码 hàomǎ *n.* number	【配】电话号码 【例】① 你的房间号码是 303。 ② 能告诉我你的手机号码吗？
合格 hégé *adj.* qualified, up to standard	【配】合格产品，很合格 【例】① 这个产品质量完全合格。 ② 小明体检合格了。
合适 héshì *adj.* suitable, appropriate	【配】不合适 【例】① 这件衣服你穿正合适。 ② 这个词用在这里不合适。
盒子 hézi *n.* box	【配】一个盒子，大盒子 【例】① 这个盒子真漂亮。 ② 你可以用这个铁盒子装你的东西。

后悔
hòuhuǐ
v. regret, repent

【配】很后悔，后悔没有去
【例】① 演唱会很精彩，他后悔没去。
② 他有点儿后悔来了这里。

厚
hòu
adj. thick

【配】很厚，薄厚
【例】① 这本书真厚。
② 天变冷了，我换上了厚衣服。
【反】薄 (báo)

互联网
hùliánwǎng
n. internet

【例】① 互联网使世界变成了"地球村"。
② 你可以在互联网上查一下这条新闻。

互相
hùxiāng
adv. mutually, each other

【配】互相关心
【例】① 同学之间应该互相帮助。
② 大家互相认识一下。

护士
hùshi
n. nurse

【配】一位护士，护士小姐
【例】① 今天帮我打针的护士态度很好。
② 这家医院的护士都穿粉色的衣服。

怀疑 huáiyí *v.* doubt, suspect	【配】很怀疑，怀疑他 【例】① 他的话让人怀疑。 ② 我怀疑他今天不回来了。
回忆 huíyì *v./n.* recall; memory	【配】回忆过去，童年的回忆 【例】① 他最近经常回忆起过去的事。 ② 这碗汤勾起了她童年的回忆。
活动 huódòng *n./v.* activity; exercise	【配】参加活动，活动身体 【例】① 他在学校参加了很多活动。 ② 我们出去活动活动吧。
活泼 huópō *adj.* vivacious, lively, vivid	【配】很活泼，活泼的孩子 【例】① 这个女孩很活泼。 ② 这段文字生动活泼。
火 huǒ *n.* fire	【配】一把火，起火 【例】① 下午一座大楼起火了。 ② 大火已经被扑灭了。

获得　huòdé　v. gain, obtain, acquire	【配】获得帮助，没有获得
	【例】① 她获得了奥斯卡最佳女主角奖。
	② 他们的实验获得了成功。
	【反】失去 (shīqù)

J

积极　jījí　adj. positive, active	【配】积极参加，态度积极
	【例】① 请大家积极参与这次活动。
	② 我们应该积极地面对生活。

积累　jīlěi　v. gather, accumulate	【配】积累经验，不断积累
	【例】① 工作三年他积累了不少经验。
	② 语言的学习要靠积累。
	【反】消耗 (xiāohào)

基础　jīchǔ　n. foundation, base	【配】牢固的基础，打基础
	【例】① 他来中国之前有一点儿汉语基础。
	② 基础打好了，后面学起来就容易了。

激动 jīdòng *adj.* excited	【配】很激动，激动得哭了 【例】① 看到十年没见的老朋友，她激动得哭了。 ② 你别太激动了，要注意身体。
及时 jíshí *adj./adv.* timely; in time	【配】及时赶到，非常及时 【例】① 你来得太及时了，我们正好需要帮手。 ② 生病了要及时去看医生。
即使 jíshǐ *conj.* even, even though	【配】即使……也…… 【例】① 即使我跟他强调 (qiángdiào; emphasise) 很多遍了，他也还是没记住。 ② 即使这次没有成功，我也不会放弃。
计划 jìhuà *v./n.* plan	【配】计划未来，做计划 【例】① 他计划用十天完成寒假作业。 ② 下雨了，我们去野餐的计划泡汤了。

记者 jìzhě *n.* reporter, journalist	【配】一名记者,报社记者 【例】① 报社派去了三名记者采访这位作家。 ② 下面请看本台记者为大家带来的最新消息。
技术 jìshù *n.* skill, technology	【配】技术工人,新技术 【例】① 这家公司最近引进了一项新技术。 ② 李师傅的修车技术很好。 【扩】科技 (kējì; science and technology)
既然 jìrán *conj.* since, as, now that	【配】既然……就……,既然……那么…… 【例】① 既然你喜欢,那就送给你吧。 ② 既然你都知道了,那我也不多说了。
继续 jìxù *v.* go on, continue	【配】继续上学,继续努力 【例】① 你继续说,我听着呢。 ② 不管发生什么,生活还是要继续。

寄 jì *v.* post, mail	【配】寄信,寄给他,寄到北京 【例】① 我寄了一张明信片给我朋友。 ② 这个寄到北京要两天。
加班 jiābān *v.* work overtime	【配】经常加班,加班加点 【例】① 最近我们老是加班。 ② 他这一个星期都在加班,终于完成了任务。
加油站 jiāyóuzhàn *n.* gas station	【配】一个加油站 【例】① 请问这附近哪里有加油站? ② 我们终于找到了一个加油站。
家具 jiājù *n.* furniture	【配】一套家具 【例】① 这套红木家具真漂亮! ② 我们还需要买几件家具。
假 jiǎ *adj.* false, fake	【配】假酒,真假 【例】他上次告诉我们的消息是假的。 【反】真

价格 jiàgé *n.* price	【配】价格高，产品价格 【例】① 这本书的价格是 25 元。 ② 3000 元已经是这款手机的最低价格了。 【扩】价钱 (jiàqián; price)
坚持 jiānchí *v.* persist in, insist on, stick to	【配】坚持原则，坚持锻炼 【例】① 不管遇到什么困难，我都要坚持下去。 ② 他坚持每天走路去学校。
减肥 jiǎnféi *v.* lose weight	【配】想减肥，在减肥 【例】① 她最近在减肥，晚饭都不吃了。 ② 运动是最好的减肥方法。 【扩】肥胖 (féipàng; fat, obese)
减少 jiǎnshǎo *v.* reduce, decrease	【配】减少人员，大大减少 【例】① 这个学期的学生数量减少了很多。 ② 经过练习，他作文中的错误大大减少了。 【反】增加

建议 jiànyì *v./n.* propose; suggestion	【配】提建议 【例】① 他建议我多进行运动。 ② 欢迎大家对这次活动提建议。
将来 jiānglái *n.* future	【例】① 将来，我们会有自己的房子的。 ② 将来的事情不用现在担心。
奖金 jiǎngjīn *n.* money award, bonus, prize money	【配】发奖金 【例】① 这个月我领了500块钱的奖金。 ② 这次比赛一等奖的奖金是3000元。 【扩】奖学金 (jiǎngxuéjīn; scholarship)
降低 jiàngdī *v.* lower, reduce, drop, come down	【配】降低标准，降低水平 【例】① 今天气温降低了。 ② 快到机场了，飞机的飞行高度降低了一些。 【扩】降价 (jiàngjià; cut the price) 降温 (jiàngwēn; lower the temperature)

降落 jiàngluò *v.* descend, land	【配】飞机降落，紧急降落 【例】① 飞机已经安全降落。 ② 由于天气不好，飞机只好紧急降落。 【反】起飞
交 jiāo *v.* hand over, associate with	【配】交钱，交上来，交朋友 【例】① 考试结束了，请大家把试卷交上来。 ② 我今天在班上交了两个新朋友。
交流 jiāoliú *v.* exchange, interchange	【配】文化交流，交流经验 【例】① 大家一起交流了一下学习汉语的体会。 ② 我最近和他交流得比较多。 【扩】交谈 (jiāotán; chat)
交通 jiāotōng *n.* traffic	【配】交通工具，交通便利 【例】① 这里的交通很方便，公交车和地铁都有。 ② 前面发生了交通事故，堵车了。

郊区 jiāoqū *n.* suburban district	【配】北京郊区 【例】① 她现在住在郊区。 ② 他们在郊区的房子很大。
骄傲 jiāo'ào *adj./n.* proud; pride	【配】很骄傲，感到骄傲 【例】① 你这次考得很好，但别骄傲哦。 ② 骄傲使人落后。 ③ 他是全家的骄傲。
饺子 jiǎozi *n.* dumpling	【配】一盘饺子，吃饺子 【例】① 我最喜欢吃韭菜馅儿的饺子。 ② 过年我们全家人一起包饺子。
教授 jiàoshòu *n.* professor	【配】一位教授，副教授 【例】① 今天崔教授来我们学校做讲座。 ② 他在北京大学当教授。

教育 jiàoyù n./v. education; educate	【配】办教育，良好的教育，教育孩子 【例】① 他从小在美国长大，受的是美式教育。 ② 从小爸爸就教育我要懂礼貌。
接受 jiēshòu v. accept	【配】接受任务，不能接受 【例】① 这份礼物太贵重了，我不能接受。 ② 他接受了大家的意见。
接着 jiēzhe v./adv. catch, carry on; then	【配】接着说 【例】① 我把书扔过去，你接着！ ② 他离开北京以后，接着去了上海。
节 jié n./m. festival; section	【配】过节，一节课 【例】① 人们习惯过节时一家人在一起吃饭。 ② 我们每天上午有四节课。

节约 jiéyuē *v.* economise, save	【配】节约用水,节约材料 【例】① 我们应该节约用水。 ② 请大家节约用电。 【反】浪费
结果 jiéguǒ *n.* result, consequence	【配】没有结果,最终结果 【例】① 这件事终于有了结果。 ② 我等了他一下午,结果他还是没来。
解释 jiěshì *v.* explain	【配】无法解释,解释清楚 【例】① 这个问题你必须解释清楚。 ② 他向老师解释了自己迟到的原因。
尽管 jǐnguǎn *conj./adv.* though; not hesitate to	【配】尽管……但是…… 【例】① 尽管他很想去,但是实在没时间。 ② 你尽管吃吧,这儿还有很多。

紧张
jǐnzhāng
adj. nervous, keyed-up

【配】别紧张,紧张的剧情
【例】① 大家不用紧张,这次考试很容易。
② 球赛进入了最紧张的阶段。
【反】轻松

进行
jìnxíng
v. carry out, go on

【配】进行讨论,正在进行
【例】① 老师对小明进行了批评教育。
② 会议正在进行。

禁止
jìnzhǐ
v. forbid, ban

【配】禁止吸烟,禁止停车
【例】① 博物馆 (bówùguǎn; museum) 里禁止拍照。
② 车辆禁止通行。

京剧
jīngjù
n. Peking opera

【配】一场京剧,唱京剧
【例】① 我们今天去听了一场京剧。
② 他从 8 岁开始学唱京剧。
【扩】电视剧 (diànshìjù; TV drama)

经济 jīngjì *n.* economy	【配】发展经济，经济基础 【例】① 她家经济比较宽裕。 ② 中国的经济发展得很快。
经历 jīnglì *v./n.* go through; experience	【配】经历苦难，生活经历 【例】① 他经历了两次世界大战。 ② 老王的工作经历非常丰富。
经验 jīngyàn *n.* experience	【配】交流经验，经验丰富 【例】① 修电脑，他很有经验。 ② 你成功的经验是什么？
精彩 jīngcǎi *adj.* brilliant, splendid, wonderful	【配】精彩的表演，很精彩 【例】① 张教授今天的演讲实在是太精彩了。 ② 这部精彩的电影我看了好几遍。 【扩】丰富多彩 (fēngfù duōcǎi; rich and colourful)

景色 jǐngsè *n.* scenery, sight	【配】自然景色，景色优美 【例】① 这里的景色太美了！ ② 大家都来这里欣赏优美的景色。
警察 jǐngchá *n.* police, policeman	【配】一名警察，交通警察 【例】① 事故发生不久，警察就赶到了。 ② 他爸爸是一名警察。 【扩】警察局 (jǐngchájú; police station)
竞争 jìngzhēng *v.* compete	【配】竞争激烈，自由竞争 【例】① 这次比赛的竞争很激烈。 ② 比赛中大家要公平竞争。
竟然 jìngrán *adv.* to one's surprise	【配】竟然不知道 【例】① 你竟然把他送你的项链 (xiàngliàn; necklace) 弄丢了？ ② 他竟然没告诉你这件事！

镜子 jìngzi *n.* mirror	【配】一面镜子 【例】① 墙上挂着一面镜子。 ② 你带镜子了吗?
究竟 jiūjìng *adv.* (used for emphasis in questions to press for an exact answer) actually, exactly	【配】究竟怎么办 【例】① 说了半天,你究竟想说什么? ② 这几个句子都错了,这个词究竟怎么用才对?
举 jǔ *v.* raise, lift	【配】举手,举起 【例】① 他把手举得很高。 ② 她手上举着一块牌子。
举办 jǔbàn *v.* conduct, hold	【配】举办讲座,举办运动会 【例】① 北京成功举办了2008年奥运会。 ② 下个月我们学校将举办五场讲座。

举行 jǔxíng *v.* hold	【配】	举行比赛,举行运动会 (yùndònghuì; sports meeting)
	【例】	① 明天,我们在这儿举行比赛。 ② 我们学校下周二举行运动会。
拒绝 jùjué *v.* refuse	【配】	拒绝道歉,拒绝回答
	【例】	① 莉莉拒绝了约翰的礼物。 ② 他拒绝承认错误。
距离 jùlí *n./v.* distance; be apart/away from	【配】	一段距离,距离很远
	【例】	① 我家和学校之间的距离只有1公里。 ② 现在距离上课只有几分钟时间了。
聚会 jùhuì *n./v.* party; get together	【配】	参加聚会
	【例】	① 他今天去参加同学聚会了。 ② 我们喜欢周末在公园聚会。

K

开玩笑 kāi wánxiào crack a joke; joke	【配】别开玩笑,开他的玩笑 【例】① 老王总是开小李的玩笑。 ② 你别开玩笑了,他们俩怎么可能吵架!
开心 kāixīn *adj.* happy	【配】玩得开心 【例】① 她开心地笑了。 ② 希望你们在这里过得开心。
看法 kànfǎ *n.* opinion, view	【配】我的看法,一种看法 【例】① 你对这篇文章有什么看法? ② 这只是我个人的看法。
考虑 kǎolǜ *v.* consider, think over	【配】考虑问题,考虑周到 【例】① 我从来没有考虑过出国。 ② 这件事我再考虑一下。

烤鸭 kǎoyā *n.* roast duck	【配】北京烤鸭，烤鸭店 【例】① 我们今天去吃了北京烤鸭。 ② 哪家烤鸭店的烤鸭最好吃？
科学 kēxué *n./adj.* science; scientific	【配】农业科学，科学研究 【例】① 现代科学发展迅速。 ② 这种说法很不科学。
棵 kē *m.* (used for plants)	【配】一棵树 【例】① 我家门口有一棵大树。 ② 这棵松树已经有几百年了。
咳嗽 késou *v.* cough	【配】一阵咳嗽 【例】① 他感冒了，老咳嗽。 ② 他进来的时候咳嗽了一声。
可怜 kělián *adj.* pitiable, poor	【配】真可怜，少得可怜 【例】① 小李真可怜，父母都去世了。 ② 今天店里的顾客少得可怜。

可是 kěshì *conj.* but, however	【例】① 汉字虽然有些难，可是学起来非常有意思。 ② 大家今天都很累，可是很开心。
可惜 kěxī *adj.* regrettable	【配】很可惜 【例】① 今天的活动很有趣，可惜你没去。 ② 他考北京大学差了1分，太可惜了。
客厅 kètīng *n.* sitting room, drawing room	【配】楼下的客厅 【例】① 他们家的客厅装饰得很特别。 ② 大家都在客厅里喝茶聊天儿。
肯定 kěndìng *adj./adv.* sure, positive; certainly	【配】肯定的答案，肯定会去 【例】① 对于大家的表现老师是肯定的。 ② 他今天肯定又不会来了。 【反】否定 (fǒudìng)

空 kōng *adj.* empty, vacant, hollow	【配】空房间，空肚子，空座位 【例】① 房间里空空的，一个人也没有。 ② 她坐在我旁边的空座位上。 ③ 我早上空着肚子就去上课了。
空气 kōngqì *n.* air	【配】新鲜空气 【例】① 我要出去呼吸一下新鲜空气。 ② 这个城市的空气质量不太好。
恐怕 kǒngpà *adv.* for fear of, perhaps	【配】恐怕不行 【例】① 我现在有事，恐怕要晚点儿才能到。 ② 恐怕只有他才能帮你了。
苦 kǔ *adj.* bitter, painful	【配】苦味，生活苦 【例】① 这杯咖啡好苦啊！ ② 他们这几年生活得很苦。 【反】甜

矿泉水 kuàngquán- shuǐ *n.* mineral water	【配】一瓶矿泉水 【例】① 我想喝矿泉水。 ② 出去玩要带上一瓶矿泉水。
困 kùn *adj./v.* sleepy; be stranded	【配】很困,被困住了 【例】① 我两天没睡觉了,太困了。 ② 突然下雨了,小丽被困在了商场里。
困难 kùnnan *n./adj.* difficulty; difficult	【配】克服困难,很困难 【例】① 为了建这所学校,我们克服了很多困难。 ② 两天之内要完成这个工作比较困难。

L

垃圾桶 lājītǒng *n.* dustbin	【配】一个垃圾桶 【例】① 我房间里有一个垃圾桶。 ② 这条路每 20 米就有一个垃圾桶。 【扩】垃圾袋 (lājīdài; trash bag)

拉 lā v. pull, drag, play (a musical instrument)	【配】拉门，拉小提琴 【例】① 天黑了，请把窗帘拉上。 ② 李明拉二胡拉得很好。
辣 là adj. spicy, hot	【配】很辣，辣坏了 【例】① 这个水煮鱼把我辣坏了。 ② 川菜太辣，我吃不了。
来不及 láibují v. not have enough time to do sth, it's too late to do sth	【配】来不及吃饭 【例】① 他来不及跟小李见一面就走了。 ② 来不及了，火车要开了！
来得及 láidejí v. have enough time to do sth, be able to make it	【配】还来得及 【例】① 电影8点才开始，我们现在去还来得及。 ② 今天还来得及吃早饭吗？

来自 láizì *v.* come from	【配】来自法国 【例】① 你来自哪里？ ② 他们来自不同的国家。
懒 lǎn *adj.* lazy	【配】很懒，变懒 【例】他太懒了，作业都不想写。
浪费 làngfèi *v.* waste	【配】浪费水，别浪费 【例】① 这菜浪费了太可惜了，咱们打包带走吧。 ② 别浪费时间了，快走吧。 【反】节约
浪漫 làngmàn *adj.* romantic	【配】很浪漫，浪漫的爱情 【例】① 我刚参加了一场浪漫的婚礼。 ② 女生都喜欢浪漫。
老虎 lǎohǔ *n.* tiger	【配】一只老虎 【例】① 我们今天去动物园看老虎了。 ② 小明最怕的动物就是老虎。

冷静 lěngjìng *adj.* calm	【配】保持冷静，很冷静 【例】① 大家别慌张，保持冷静！ ② 我要冷静下来好好想想这件事。
礼拜天 lǐbàitiān *n.* Sunday	【例】① 明天是礼拜天。 ② 最近工作特别忙，礼拜天也不能休息。
礼貌 lǐmào *n./adj.* politeness; polite	【配】懂礼貌，礼貌地打招呼 【例】① 小张很有礼貌，见到我们都主动打招呼。 ② 看见我们，他礼貌地点点头。
理发 lǐfà *v.* have one's hair cut	【配】去理发 【例】① 你头发长了，该理发了。 ② 我一般都去校门口那家店理发。
理解 lǐjiě *v.* understand, comprehend	【配】阅读理解，相互理解 【例】① 你理解了这段话的意思了吗？ ② 我不能理解他为什么要这么做。

理想 lǐxiǎng *n.* ideal, dream	【配】我的理想，实现理想 【例】① 我的理想是将来开一家自己的书店。 ② 我正在努力实现自己的理想。 【同】梦想 (mèngxiǎng)
力气 lìqi *n.* effort, physical strength	【配】有力气，力气大 【例】① 他力气很大。 ② 我没有力气了，走不动了。
厉害 lìhai *adj.* violent, terrible	【配】很厉害，心跳得厉害 【例】① 李小凤是个厉害的姑娘。 ② 这几天天热得厉害。 ③ 他打球很厉害。
例如 lìrú *v.* take for instance	【例】我喜欢吃的水果有很多种，例如菠萝、荔枝、西瓜等。 【扩】举例 (jǔlì; provide an example) 例子 (lìzi; example)

俩 liǎ *num.* two	【配】我们俩，俩人 【例】① 他们俩是好朋友。 ② 我们班只有俩女生。
连 lián *v./prep./adv.* link; even (used correlatively with "都"， "也"); one after another	【配】连起来，连吃三碗 【例】① 这两句话的意思连不起来。 ② 你连他都不认识？ ③ 这两分钟，他连进了五个球。
联系 liánxì *v./n.* connect, contact; connection, relation	【配】联系地址，保持联系 【例】① 他手机关机了，联系不上。 ② 这几年我们一直保持着联系。 ③ 这两件事是有联系的。
凉快 liángkuai *adj.* nice and cool	【配】天气凉快，凉快的地方 【例】① 这几天下雨，很凉快。 ② 夏天这里很凉快。 【同】凉爽 (liángshuǎng)

零钱 língqián *n.* small change, pocket money	【配】找零钱 【例】① 我要去换些零钱。 ② 我没有零钱了。
另外 lìngwài *conj./pron.* in addition; other	【配】另外一件事 【例】① 除了刚才讲的事情。另外，我还要说一件事。 ② 我只认识张明和李强，另外几个人都不认识。
留 liú *v.* remain, stay, ask sb to stay, keep	【配】留下 【例】① 我给你留了两个包子，你吃了吧。 ② 我以后可能就留在北京了。 ③ 既然你家里还有事，我就不留你了。 【扩】留言 (liúyán; leave a message)

流利 liúlì *adj.* fluent, smooth	【配】	说话流利,流利的英语
	【例】	① 他的汉语很流利。 ② 他流利地读完了这篇文章。
流行 liúxíng *adj./v.* popular, fashionable; prevail	【配】	流行歌曲,流行起来
	【例】	① 这种款式现在很流行。 ② 最近这首歌在中国流行起来了。
旅行 lǚxíng *v.* travel	【配】	计划旅行,环球旅行,去国外旅行
	【例】	① 我们计划暑假去云南旅行。 ② 坐火车旅行可以看路上的景色。
律师 lǜshī *n.* lawyer	【配】	一位律师,律师事务所
	【例】	① 有位律师愿意免费为他辩护。 ② 她是一名律师。

| 乱
luàn
adj./adv.
disorderly, upset; arbitrarily | 【配】屋里很乱，乱说
【例】① 你桌子好乱啊，快整理一下吧。
② 他心里很乱，什么也想不清楚。
③ 你别在书上乱画。 |

M

| 麻烦
máfan
v./n. trouble sb; trouble | 【配】麻烦别人，遇到麻烦，不怕麻烦
【例】① 麻烦您给我拿一下那本书。
② 在中国生活，说汉语可以为你省去很多麻烦。
③ 下雨天出门会有很多麻烦。 |
| 马虎
mǎhu
adj. careless, sloppy | 【配】很马虎，马虎的人
【例】① 你这字写得也太马虎了吧！
② 这次可不能再马虎了！ |

满 mǎn *adj./adv.* full, filled; completely	【配】满脸，坐满 【例】① 桌上摆满了好吃的。 ② 他满脸都是汗。 ③ 他对这件事满不在乎。
毛 máo *m.* (for money)	【配】五毛钱 【例】① 西红柿三块五毛钱一斤。 ② 这个面包花了九块九毛钱。
毛巾 máojīn *n.* towel	【配】一条毛巾 【例】① 毛巾要经常洗才卫生。 ② 快用毛巾把脸上的汗擦一擦。
美丽 měilì *adj.* beautiful	【配】美丽的风景 【例】① 这位姑娘真是美丽动人。 ② 墙上挂着一幅美丽的画。 【同】漂亮
梦 mèng *n./v.* dream	【配】做梦，一个梦 【例】① 我整晚都在做梦。 ② 我梦见自己变成了一只小鸟。

迷路 mílù *v.* lose one's way, get lost	【例】① 他迷路了。 ② 她只要手里有地图，就不会迷路。
密码 mìmǎ *n.* code	【配】账户密码，输入密码 【例】① 请输入您的银行卡密码。 ② 他的手机设了密码。
免费 miǎnfèi *v.* be free of charge	【配】免费品尝 【例】① 这个博物馆可以免费参观。 ② 天下没有免费的午餐。 【扩】付费 (fùfèi; pay fee)
秒 miǎo *m.* second	【配】一秒钟 【例】① 时间一分一秒地过去了。 ② 你只有 30 秒钟的时间。
民族 mínzú *n.* nation, ethnic group	【配】中华民族，民族英雄 【例】① 中国有 56 个民族。 ② 我们应该尊重每个民族的文化。

母亲 mǔqīn *n.* mother	【配】我的母亲，伟大的母亲 【例】① 我很爱我的母亲。 ② 母亲常跟我讲她小时候的故事。 【扩】父母 (fùmǔ; father and mother, parents)
目的 mùdì *n.* purpose, aim, goal	【配】有目的 【例】① 他毫无目的地在街上走着。 ② 我来中国的目的是学习汉语。

N

耐心 nàixīn *n./adj.* patience; patient	【配】有耐心，耐心地做 【例】① 张老师很有耐心。 ② 她总是耐心地听别人说话。
难道 nándào *adv.* (used to reinforce a rhetorical question)	【配】难道不是 【例】① 我这么做难道不对吗？ ② 你难道不知道她喜欢你吗？

难受 nánshòu *adj.* uncomfortable	【配】很难受 【例】① 他这次考试没通过，心里很难受。 ② 他浑身痒得难受。
内 nèi *n.* inside	【配】内层，十个以内 【例】① 这个季节室外温度比较低。 ② 这些作业要在5天之内完成。 【反】外
内容 nèiróng *n.* content, substance	【配】主要内容，内容很多 【例】① 这本书内容不多，一会儿就看完了。 ② 这次会议内容很丰富。
能力 nénglì *n.* capacity, ability	【配】有能力，能力强，组织能力 【例】① 他有能力完成这项任务。 ② 他工作能力很强，你就放心吧。

年龄 niánlíng *n.* age	【配】年龄大，他的年龄 【例】① 小明今年6岁了，到了入学的年龄。 ② 她看上去比实际年龄小很多。
弄 nòng *v.* play with, get, do	【配】弄坏 【例】① 你别再弄你的金鱼了，快来帮忙。 ② 停电了，快去弄支蜡烛来。 ③ 别把书弄坏了。
暖和 nuǎnhuo *adj./v.* nice and warm; warm (up)	【配】天气暖和，暖和起来 【例】① 4月以后，北京就暖和起来了。 ② 快到屋里来暖和暖和吧。

O

偶尔
ǒu'ěr
adv. once in a while, occasionally

【配】偶尔去
【例】① 他喜欢看京剧,偶尔也自己唱。
② 他偶尔会来北京出差。

P

排队
páiduì
v. form a queue, line up

【配】排队上车
【例】① 请大家排队等候!
② 体育馆门口有很多人在排队入场。

排列
páiliè
v. rank, arrange, put in order

【配】按顺序排列,排列整齐
【例】① 同学们的座位是按身高排列的。
② 书架上的书排列得非常整齐。

判断 pànduàn *v./n.* judge; judgement	【配】判断正确，你的判断 【例】① 我们现在很难判断谁会赢。 ② 他对这个问题的判断是正确的。
陪 péi *v.* accompany	【配】陪她，陪伴 【例】① 你能陪我去逛街吗？ ② 他最近心情不好，你多陪陪他。
批评 pīpíng *v.* criticise, comment	【配】批评他，批评意见 【例】① 老师批评了他这种不负责任的行为。 ② 这本书一出来，就有很多批评意见。 【反】表扬
皮肤 pífū *n.* skin	【配】光滑的皮肤，皮肤好 【例】① 你的皮肤真好。 ② 来这儿之后，我的皮肤变得很干燥。

脾气 píqi *n.* temper, bad temper	【配】发脾气,脾气不好 【例】① 你再不来,老李就要发脾气了。 ② 小张脾气特别好,从来不发火。
篇 piān *m.* (for paper, book leaves, article, etc) sheet, leaf, piece	【配】一篇文章 【例】① 我今天读了一篇很好的文章。 ② 这篇小说写得很精彩。
骗 piàn *v.* deceive, fool	【配】骗人,受骗 【例】① 我没有骗你,这几个字真的是我写的。 ② 李先生昨天被骗走了两千块钱。
乒乓球 pīngpāngqiú *n.* ping-pong	【配】打乒乓球,乒乓球比赛 【例】① 我最喜欢的运动就是乒乓球。 ② 今天我们俩打了一下午乒乓球。

平时 píngshí *n.* normal times	【例】① 她平时不爱打扮。 ② 她平时汉语说得不错，可惜考试的时候太紧张了。
破 pò *v./adj.* break; broken, damaged, worn-out	【配】衣服破了，打破，破盒子 【例】① 地上有玻璃，小心别划破了脚。 ② 这件衣服破了个大洞，不能穿了。 ③ 这种破书不值得看。
葡萄 pútao *n.* grape	【配】一串 (*m.*)/ 颗 (*m.*) 葡萄，红葡萄，葡萄酒 【例】① 葡萄多少钱一斤？ ② 你喝啤酒还是葡萄酒？
普遍 pǔbiàn *adj.* common	【配】普遍认为，普遍现象 【例】① 对于初学者，这种会说不会写的情况很普遍。 ②"张强"这个名字在中国很普遍。

普通话 pǔtōnghuà *n.* mandarin	【配】学普通话，说普通话 【例】① 每天晚上七点，我和他一起在这个教室里学普通话。 ② 对不起，我不会说普通话。你有时间能不能教教我？

Q

其次 qícì *pron.* next, then, secondary	【配】首先……，其次…… 【例】① 小红的英语成绩最好，其次是语文。 ② 想学好汉语，首先要多说，其次要多听。
其中 qízhōng *n.* within, among them	【例】① 我们班有 20 位同学，其中 5 位来自韩国。 ② 今天有很多好吃的菜，其中我最喜欢的是宫保鸡丁。
气候 qìhòu *n.* climate	【配】海洋性气候 【例】我不喜欢这里的气候，一年四季总是下雨。

千万 qiānwàn *adv.* (used in entreating, exhortation, etc) be sure to	【配】千万记得 【例】① 你千万别忘了跟她说这件事。 ② 这次会议很重要，你千万要准时参加！
签证 qiānzhèng *n.* visa	【配】办签证 【例】他已经办好了去日本的签证。
敲 qiāo *v.* knock, beat, strike	【配】敲鼓，敲一下 【例】① 我敲了几下门，没有人答应。 ② 今天街上敲锣打鼓的，很热闹。
桥 qiáo *n.* bridge	【配】过桥，一座桥 【例】① 要过这条河，只能走那座桥。 ② 明年这里要修一座新桥。
巧克力 qiǎokèlì *n.* chocolate	【配】一块巧克力，吃巧克力 【例】① 这个牌子的巧克力很好吃。 ② 小丽送了我一盒巧克力。

亲戚 qīnqi *n.* relative, relation	【配】我的亲戚，一个亲戚 【例】① 我们俩是亲戚。 ② 我有一个亲戚在北京。
轻 qīng *adj.* light, small in degree	【配】很轻 【例】① 这箱子很轻，我一下就提起来了。 ② 这次他伤得不轻。 【反】重
轻松 qīngsōng *adj.* relaxed, light-hearted	【配】很轻松，轻松的谈话 【例】① 这次谈话轻松愉快。 ② 作业终于做完了，我觉得很轻松。 【反】紧张
情况 qíngkuàng *n.* situation, state of affairs	【配】学习情况，有情况 【例】① 你那边现在情况怎么样？ ② 从现在的情况来看，我们必须马上走了。
穷 qióng *adj.* poor	【配】很穷 【例】① 他家很穷，他的学费都是自己打工挣的。 ② 我们都是穷学生。

区别 qūbié v./n. differentiate, distinguish; difference, distinction	【配】仔细区别，区别很大 【例】① 老师，怎么区别"以后"和"然后"的不同用法？ ② 我觉得这两张画没什么区别。
取 qǔ v. get, take	【配】取钱，取出来 【例】① 把灯泡取下来。 ② 我今天取了1000块钱。 【扩】获取 (huòqǔ; obtain, gain)
全部 quánbù n. total, whole	【配】全部解决，全部的书 【例】① 大家全部接受了他的建议。 ② 100个单词他全部记住了。
缺点 quēdiǎn n. shortcoming, defect	【配】一个缺点，改正缺点 【例】① 他的优点是聪明，缺点是有点儿懒。 ② 这种杯子有个缺点，就是不能装热水。 【反】优点

缺少 quēshǎo *v.* be short of, lack	【配】缺少自信，缺少人手 【例】① 这里还缺少一把椅子。 ② 我们比较缺少关于中国文化的知识。
却 què *adv.* but, yet	【例】① 他知道这个词怎么说，却不知道怎么写。 ② 他来了，你却没来。
确实 quèshí *adv.* indeed	【配】确实是，确实知道 【例】① 我确实想去上海。 ② 他的汉语确实说得好。

R

然而 rán'ér *conj.* but, however	【例】① 这次考试成绩进步很大，然而他还是不满意。 ② 他说 3 点钟来，然而 5 点才到。

热闹 rènao *adj.* bustling with noise and excitement, lively	【配】热闹的大街，很热闹 【例】① 有他在的地方总是很热闹。 ② 他一进来，会场就热闹起来。
任何 rènhé *pron.* any, whatever	【配】任何人 【例】① 没有任何问题可以难倒他。 ② 任何时候我们都愿帮助你。
任务 rènwu *n.* task, assignment, mission	【配】艰巨的任务，完成任务 【例】① 这项任务，我们必须完成。 ② 你的任务就是把李老师请来。
扔 rēng *v.* throw, throw away	【配】乱扔，扔东西 【例】① 你怎么把我的东西扔了？ ② 电池不能乱扔。 【同】丢

仍然 réngrán *adv.* still	【配】仍然不知道，仍然想 【例】① 这个单词我抄了 20 遍，仍然没记住。 ② 吃了好几天的药了，他的病仍然没好。
日记 rìjì *n.* diary	【配】一篇日记，写日记 【例】① 他有写日记的习惯。 ② 她喜欢把每天发生的事情记在日记里。
入口 rùkǒu *n.* entrance	【配】一个入口，从入口进 【例】① 我们从这个入口进去吧。 ② 这个剧院有三个入口。 【反】出口 (chūkǒu)

S

散步 sànbù *v.* take a walk, stroll	【配】到河边散步，经常散步 【例】① 我们一家人每天晚饭后都去公园散步。 ② 咱们去散步吧。

森林 sēnlín *n.* forest	【配】一片森林,森林里 【例】① 森林公园离我家不远。 ② 森林里有很多小动物。
沙发 shāfā *n.* sofa, settee	【配】一个沙发,布沙发 【例】① 这个沙发真漂亮。 ② 我们家的沙发是皮的。
伤心 shāngxīn *adj.* sad	【配】很伤心,别伤心 【例】① 别提他的伤心事了。 ② 他丢了钱包,很伤心。
商量 shāngliang *v.* consult, discuss, talk over	【配】一起商量,商量这件事 【例】① 我们来商量一下聚会的事吧。 ② 这件事我要和他商量商量。
稍微 shāowēi *adv.* a little, slightly	【配】稍微多一点儿,稍微想一想 【例】① 你们明天稍微早一点儿过来。 ② 你再稍微等等,他马上就来。

勺子 sháozi *n.* scoop, spoon	【配】一把勺子 【例】① 请给我一把勺子。 ② 我习惯用勺子吃饭。
社会 shèhuì *n.* society	【配】原始社会，社会上 【例】① 社会上这种人很多。 ② 过去妇女的社会地位很低。
申请 shēnqǐng *v.* apply for	【配】申请奖学金，申请休学 【例】① 他向学校申请提前毕业。 ② 他向公司申请调到上海工作。
深 shēn *adj.* deep, (of colour) dark	【配】很深，深颜色 【例】① 这里的水有两米深。 ② 这个颜色太深了，不适合你。 【反】浅 (qiǎn)
甚至 shènzhì *conj.* even	【配】甚至不知道 【例】① 这首歌甚至连小孩都会唱。 ② 他汉语说得很好，甚至会用好多成语。

生活 shēnghuó *n./v.* life; live	【配】	日常生活，生活得很好，在北京生活
	【例】	① 王子和公主从此过上了幸福的生活。 ② 我们一家在这个城市已经生活了10年了。
生命 shēngmìng *n.* life	【配】	有生命，珍爱生命
	【例】	① 树也是有生命的。 ② 为了救人，他献出了自己年轻的生命。
生意 shēngyi *n.* business, trade	【配】	一笔生意，做生意，谈生意
	【例】	① 毕业以后，我想跟朋友一起做汽车生意。 ② 我们公司最近接了一笔大生意。
省 shěng *n./v.* province; save, omit	【配】	湖南省，省钱，省掉
	【例】	① 山西省在陕西省旁边。 ② 你也别太省了，该吃的还是得吃。 ③ "了"字在这句话里不能省。

剩 shèng *v.* be left over, remain	【配】剩下，只剩 【例】① 他们都走了，只剩下我和李明在教室。 ② 我们把一桌菜吃得干干净净，连汤都没剩。
失败 shībài *v.* fail	【配】行动失败 【例】① 失败是成功之母。 ② 这次失败了不要紧，下次再来！ 【扩】成败 (chéngbài; success or failure) 打败 (dǎbài; beat, defeat)
失望 shīwàng *adj.* disappointed	【配】很失望，对她很失望 【例】① 你太让我失望了。 ② 他对爱情失望了。
师傅 shīfu *n.* master worker, mentor	【配】老师傅，张师傅 【例】① 李师傅的菜炒得很好。 ② 师傅，麻烦您开快一点儿。

十分 shífēn *adv.* very, extremely	【配】十分喜欢，十分漂亮 【例】① 我十分想念大家。 ② 这里的人们十分热情。 【同】非常
实际 shíjì *adj.* practical, realistic	【配】实际问题，很实际，实际上 【例】① 你这种想法很不实际。 ② 实际上，大家都不想去开会。 ③ 在实际生活中我们一般不这么说。
实在 shízài *adj./adv.* true, real; in fact, indeed	【配】很实在，实在想去，实在好 【例】① 他这个人很实在。 ② 我是实在没办法了才来找你的。 ③ 这件衣服实在太漂亮了。
使 shǐ *v.* make	【例】① 我们要努力使客人满意。 ② 锻炼能使人健康。

使用 shǐyòng *v.* use	【配】方便使用，使用工具 【例】① 这些餐具都是干净的，请放心使用。 ② 这个词在这里使用不合适。
世纪 shìjì *n.* century	【配】上个世纪，21世纪 【例】① 上个世纪80年代，这种款式很流行。 ② 19世纪，爱迪生发明了灯泡。
是否 shìfǒu *adv.* whether or not, whether, if	【配】是否合适，是否应该 【例】① 他是否能来，还不一定。 ② 我们还不清楚她是否会同意。
适合 shìhé *v.* fit, suit	【配】适合当老师，适合我 【例】① 他手指长，适合弹钢琴。 ② 这件衣服不适合你。

适应 shìyìng v. adapt to	【配】适应环境，不适应 【例】① 他刚到北京，还不适应这里的气候。 ② 这个工作太辛苦了，他适应不了。
收 shōu v. get sth together, receive	【配】收起来，收到 【例】① 你快把这些书收起来吧。 ② 他收到了好多礼物。
收入 shōurù n. income, revenue	【配】收入稳定，没有收入 【例】① 他每天能有几百块的收入。 ② 爸爸的工资是我们全家的唯一收入。 【反】支出 (zhīchū)
收拾 shōushi v. put in order, punish	【配】收拾干净，收拾屋子 【例】① 他一会儿就把东西都收拾好了。 ② 你要是不听话，爸爸回来会收拾你的。

首都 shǒudū *n.* capital (of a country)	【配】中国的首都 【例】① 日本的首都是东京。 ② 欢迎来到首都北京。
首先 shǒuxiān *pron.* in the first place, first of all	【配】首先……，其次…… 【例】① 首先，我们大家都必须到场，然后才能开始讨论下一步计划。 ② 首先你必须学会书上的生词，不然就看不懂课文。
受不了 shòubuliǎo can not stand	【配】受不了苦 【例】① 我受不了了，这里实在太热了。 ② 他受不了苦。 【反】受得了
受到 shòudào *v.* be subjected to	【配】受到表扬 【例】① 这件事受到了大家的关注。 ② 他一出场，就受到了大家的热烈欢迎。

售货员 shòuhuòyuán *n.* shop assistant	【配】一位售货员 【例】① 这个商店只有几位售货员。 ② 售货员，请问这种饼干还有吗？ 【扩】货物 (huòwù; goods, commodity)
输 shū *v.* lose	【配】输球，输不起 【例】① 这次比赛我们输了。 ② 这场球火箭队输了8分。 【反】赢
熟悉 shúxī *v.* be familiar with, know well	【配】熟悉情况，互相熟悉 【例】① 我对他很熟悉。 ② 他很快就熟悉了这里的环境。 ③ 那天之后，我们就熟悉起来了。 【反】陌生 (mòshēng)
数量 shùliàng *n.* quantity, amount	【配】数量有限，一定的数量 【例】① 这次的票数量有限，先到先得。 ② 这里每天的游客数量都在3000人以上。

数字 shùzì *n.* numeral, figure	【配】一个数字，一组数字 【例】① 银行卡密码要求设定6个数字。 ② 这组数字是按照规律排的。
帅 shuài *adj.* handsome	【配】很帅 【例】① 小王长得可真帅！ ② 这个动作简直帅呆了。 【扩】帅哥 (shuàigē; handsome boy)
顺便 shùnbiàn *adv.* conveniently, in passing, incidentally	【配】顺便去 【例】① 我去交作业，顺便帮你也交了吧。 ② 顺便说一句，你今天很漂亮。
顺利 shùnlì *adj.* smooth, favourable	【配】一切顺利，顺利地完成 【例】① 祝你工作顺利！ ② 他顺利通过了HSK考试。

顺序 shùnxù *n.* order, sequence	【配】按顺序 【例】① 请按顺序入场。 ② 请不要把这些文件的顺序弄乱了。
说明 shuōmíng *v./n.* explain; explanation	【配】说明情况，充分说明，使用说明 【例】① 你应该去向老师说明一下迟到的原因。 ② 这份使用说明详细(xiángxì; in detail)说明了怎么正确使用这个手机。
硕士 shuòshì *n.* postgraduate, master	【配】硕士研究生，读硕士 【例】① 她现在是清华大学的硕士研究生。 ② 他今年考上了汉语专业的硕士。
死 sǐ *v./adj.* die; extreme	【配】笑死了，死于车祸 【例】① 我饿死了，快吃饭吧。 ② 这次地震死了30人。 【反】活

速度 sùdù *n.* speed, velocity	【配】速度慢，加快速度 【例】① 他打字的速度很慢。 ② 我们得加快速度了，不然就要迟到了。 【扩】车速 (chēsù; speed of a motor vehicle) 风速 (fēngsù; wind speed) 时速 (shísù; speed per hour)
塑料袋 sùliàodài *n.* plastic bag	【配】一个塑料袋 【例】① 超市不提供免费塑料袋。 ② 我们把东西都装在这个大塑料袋里吧。
酸 suān *adj.* sour	【配】酸味 【例】① 这个太酸了，我受不了。 ② 你这几天别吃酸的。
随便 suíbiàn *adj.* random, casual	【配】随便坐，随便看 【例】① 你随便坐。 ② 这可不是件随便的事，你认真点儿。

随着 suízhe *prep.* along with	【配】随着时间变化 【例】① 观众的情绪随着电影的情节变化着。 ② 随着学习的深入，我越来越喜欢中国文化了。
孙子 sūnzi *n.* grandson	【配】小孙子，他的孙子 【例】① 老张有三个孙子。 ② 李奶奶的小孙子今年5岁了。 【扩】孙女 (sūnnǚ; granddaughter)
所有 suǒyǒu *adj.* all	【配】所有人 【例】① 他所有的题目都做对了。 ② 所有同学都来了。

T

台 tái *n./m.* stage; (used for certain machinery, apparatus, etc)	【配】台上，一台电脑 【例】① 台下的观众都很热情。 ② 他们花了半年准备这台晚会。 【扩】舞台 (wǔtái; stage)

抬 tái *v.* lift, (of two or more persons) carry	【配】抬头，抬桌子 【例】① 把你的手抬起来一点儿。 ② 麻烦你们把这个箱子抬上去好吗？
态度 tàidù *n.* attitude	【配】一种态度，态度好 【例】① 我们应该用积极的态度来对待这件事。 ② 大家改变了对他的态度。
谈 tán *v.* talk, discuss	【配】谈一谈，谈理想 【例】① 你们俩应该坐下来好好谈一谈。 ② 谈到这次比赛，大家都很激动。 【扩】谈话 (tánhuà; talk about sth with sb) 谈论 (tánlùn; discuss)
弹钢琴 tán gāngqín play the piano	【配】喜欢弹钢琴 【例】① 她从5岁就开始学弹钢琴。 ② 他弹钢琴弹得非常好。

汤 tāng *n.* soup	【配】喝汤，白菜汤，一碗汤 【例】① 广州人每餐都要喝汤。 ② 老板，我要一碗排骨汤。
糖 táng *n.* suger, candy	【配】一块 (*m.*) 糖，吃糖 【例】① A：别吃糖了，对牙不好。 B：让我再吃一块吧。 ② 这西瓜真好吃，比糖还甜呢！
躺 tǎng *v.* lie, repose	【配】躺下，躺在床上 【例】① 我躺在沙发上休息了一下。 ② 自行车被风吹倒了，躺在路边。
趟 tàng *m.* (used for a round trip)	【配】走一趟，一趟车 【例】① 我明天要去一趟王府井。 ② 我们等下一趟车吧。
讨论 tǎolùn *v.* discuss, talk over	【配】讨论问题，展开讨论 【例】① 大家对这个问题进行了深入讨论。 ② 下面我们来讨论一下考试的事情。

讨厌 tǎoyàn v./adj. dislike, hate; annoying	【配】讨厌他,让人讨厌 【例】① 他讨厌下雨。 ② 这个人在图书馆里大声打电话,真讨厌。 【反】喜欢
特点 tèdiǎn n. feature, characteristic	【配】他的特点,有特点 【例】① 北京的出租车司机有个特点,那就是都很能说。 ② 这个女孩的声音很有特点。 【同】特征 (tèzhēng)
提 tí v. carry, raise, mention, put forward	【配】提东西,提意见 【例】① 我去提一壶水来。 ② 他跟父亲提出了要去外地读大学的想法。
提供 tígōng v. offer, provide, supply	【配】提供帮助,提供早餐 【例】① 我们公司为大家提供早餐。 ② 感谢你给大家提供的这次参观机会。

提前 tíqián *v.* advance, shift to an earlier date	【配】提前告诉，被提前 【例】① 这次比赛被提前到了 3 点开始。 ② 我会提前通知你们的。
提醒 tíxǐng *v.* remind, call attention to	【配】提醒我，提醒一下 【例】① 你要是忘记了，我会提醒你的。 ② 记得提醒我去买票。
填空 tiánkòng *v.* fill a vacant position, fill (up) a vacancy	【配】填空题 【例】① 这次考试有 10 个填空题。 ② 他病了，就由你来填他的空吧。
条件 tiáojiàn *n.* condition, requirement	【配】条件好，一个条件，提条件 【例】① 你提的条件太高，我不能答应。 ② 我可以答应你的要求，但我有一个条件。 ③ 这个宾馆条件不错，我们就住这儿吧。

停 tíng v. stop, pause, park	【配】停车,停不了,不停地
	【例】① 这场雪下了三天以后,终于停了。
	② 老师说完以后,停下来看了看我们。
	③ 门口停了好几辆车。
	【扩】停止 (tíngzhǐ; stop)

挺 tǐng v./adv. stand, hold out; very, rather, quite	【配】挺住,挺好
	【例】① 你要挺住,医生马上就来了。
	② 这小伙子挺帅的。

通过 tōngguò v./prep. pass through; by means of	【配】通过考试,通过介绍
	【例】① 大家都顺利通过了HSK考试。
	② 通过他的介绍,我认识了黄小英。
	③ 通过这次比赛,他的汉语进步了不少。

通知 tōngzhī *n./v.* notice; inform, notify	【配】一个通知,通知大家 【例】① 楼下贴了个停水通知。 ② 我已经通知了全班同学,明天考试。
同情 tóngqíng *v.* sympathise with, pity	【配】同情他,受到同情 【例】① 大家都很同情他,都在想办法帮他。 ② 他的遭遇 (zāoyù; bitter experience) 得到了我们的同情。
同时 tóngshí *conj./n.* moreover; same time	【配】同时发生 【例】① 这是非常重要的任务,同时也是十分艰巨的任务。 ② 她上学的同时还做兼职教练。
推 tuī *v.* push, delay	【配】推一下,推后 【例】① 门没锁,一推就开了。 ② 考试推到了两天以后。

推迟 tuīchí v. delay	【配】推迟开会，推迟到5点 【例】① 开会日期推迟一天。 ② 因为下雨，运动会推迟举行。
脱 tuō v. take off	【配】脱衣服 【例】① 你热就把毛衣脱了吧。 ② 脱下来的鞋请在门口放好。 【反】穿

W

袜子 wàzi n. stockings, socks	【配】一双袜子，白色的袜子 【例】① 你的袜子别到处乱扔。 ② 这只袜子破了，请再拿一双新的。
完全 wánquán adv. completely	【配】完全不知道，完全正确 【例】① 我完全不知道你会来。 ② 他的病完全好了。

网球 wǎngqiú *n.* tennis	【配】打网球，网球比赛 【例】① 他最喜欢看网球比赛。 ② 咱们周末去打网球吧。
网站 wǎngzhàn *n.* website	【配】一个网站，访问网站 【例】① 这个网站办得很好，可以帮助我们学汉语。 ② 我经常上新闻网站去看新闻。 【扩】网页 (wǎngyè; webpage) 网址 (wǎngzhǐ; website)
往往 wǎngwǎng *adv.* more often than not, usually	【配】往往很热 【例】① 这里的天气往往3月份就开始热了。 ② 他周末往往一个人在家看书。
危险 wēixiǎn *adj.* dangerous	【配】很危险，有危险 【例】① 那边危险，别过去了。 ② 一个人去那片森林非常危险。 【反】安全

卫生间 wèishēngjiān *n.* toilet, bathroom	【配】去卫生间 【例】① 那里有公共卫生间。 ② 这套房子的卫生间面积比较大。 【同】厕所，洗手间
味道 wèidào *n.* taste, flavour	【配】味道很好，一种味道 【例】① 这家饭店的鱼味道很不错。 ② 这种酸酸甜甜的味道我很喜欢。 【扩】美味 (měiwèi; delicious food)
温度 wēndù *n.* temperature	【配】温度高，室内温度 【例】① 这里温度很低，大家都穿了很多。 ② 现在的室内温度正合适。 【扩】气温 (qìwēn; atmospheric temperature) 体温 (tǐwēn; body temperature)
文章 wénzhāng *n.* article, essay	【配】一篇文章，好文章 【例】① 这篇文章写得很精彩。 ② 请每位同学写一篇关于旅游的文章。

污染 wūrǎn *n./v.* pollution; pollute	【配】严重的污染，污染环境 【例】① 这些废水排入河里会造成严重的污染。 ② 那家工厂因为污染环境被关闭了。
无 wú *v.* not have, be without	【配】无房无车 【例】① 若无现金，可刷卡支付。 ② 我现在无房无车无女友。
无聊 wúliáo *adj.* bored, senseless	【配】很无聊，无聊的会议 【例】① 我刚看了一部无聊的电影。 ② 我觉得很无聊，于是就打了几个电话。 【反】有趣
无论 wúlùn *conj.* whatever, however	【配】无论怎么样 【例】① 无论遇到什么困难，我都不会放弃。 ② 无论明天天气怎么样，我都要去见我的好朋友。

误会
wùhuì
v./n.
misunderstand, mistake;
misunderstanding

【配】误会他,别误会,消除误会
【例】① 大家都误会他了,他不是那个意思。
② 他们俩之间有很深的误会。

X

西红柿
xīhóngshì
n. tomato

【配】一个西红柿
【例】① 西红柿很有营养。
② 他最喜欢吃西红柿炒鸡蛋。

吸引
xīyǐn
v. attract

【配】吸引人,吸引注意
【例】① 他的表演吸引了大家的注意。
② 这本书很吸引我。

咸
xián
adj. salty

【配】咸味
【例】① 这个菜太咸了。
② 我不喜欢吃咸的。

现金 xiànjīn *n.* cash	【配】现金收入，大量现金 【例】① 我现在没带现金。 ② 这家商店只能用现金付款。
羡慕 xiànmù *v.* admire, envy	【配】很羡慕，羡慕他 【例】① 我很羡慕你汉语说得这么好。 ② 别羡慕他了，你加油练习吧！
相反 xiāngfǎn *adj./conj.* contrary, opposite; on the contrary	【配】相反的方向 【例】① 他们俩朝相反的方向走了。 ② 他对这个问题的看法和我相反。 ③ 下雪天故宫的游客不仅没有变少，相反，游客人数是平时的两倍。
相同 xiāngtóng *adj.* same	【配】相同的习惯，爱好相同 【例】① 这两条裙子的颜色相同。 ② 我和妹妹有一个相同的习惯，我们都是每天早上七点起床。 ③ 我们俩爱好相同，都喜欢打篮球。

香 xiāng *adj.* fragrant, aromatic	【配】很香 【例】① 这花真香! ② 这菜好香啊! 【反】臭 (chòu)
详细 xiángxì *adj.* detailed, minute, elaborate	【配】详细情况,详细说明 【例】① 你把这次开会的详细情况说一下。 ② 说明书详细地告诉了我们怎样用这台机器。
响 xiǎng *v./adj.* cause to make a sound; loud, noisy	【配】响起,真响 【例】① 台下响起了热烈的掌声。 ② 这雷声真响!
橡皮 xiàngpí *n.* eraser	【配】一块橡皮 【例】① 我可以借你的橡皮用一下吗? ② 我没有橡皮。

消息 xiāoxi *n.* news, information	【配】有消息，消息灵通，好消息 【例】① 告诉大家一个好消息：明天放假！ ② 这么久了还是没有他的消息。
小吃 xiǎochī *n.* snack, refreshment	【配】小吃店，北京小吃 【例】① 这是一家有名的小吃店。 ② 我很喜欢吃北京小吃。
小伙子 xiǎohuǒzi *n.* lad, young fellow	【配】英俊的小伙子 【例】① 他就是我说的那个小伙子。 ② 这个小伙子很勇敢。
小说 xiǎoshuō *n.* novel	【配】一篇小说，看小说 【例】① 这本小说很有意思。 ② 他写的小说大家都很喜欢。
笑话 xiàohua *n.* joke	【配】讲笑话，一个笑话 【例】① 他讲的笑话逗得大家哈哈大笑。 ② 这个笑话不好笑。

效果 xiàoguǒ *n.* effect, result	【配】有效果，效果好 【例】① 这种药没有效果。 ② 用这种方法背单词效果不错。
心情 xīnqíng *n.* mood, frame of mind	【配】心情好，没有心情 【例】① 我现在没有心情唱歌。 ② 我现在心情很复杂。
辛苦 xīnkǔ *adj.* hard, strenuous	【配】很辛苦，辛苦工作 【例】① 您辛苦了,快休息一下吧! ② 这几天他工作得很辛苦。
信封 xìnfēng *n.* envelope	【配】一个信封 【例】① 我要买一个信封。 ② 他已经把写好的信放进信封里了。
信息 xìnxī *n.* information, message	【配】生活信息，发信息 【例】① 他给我们提供了不少工作信息。 ② 我收到你发来的信息了。

信心 xìnxīn n. confidence	【配】有信心,信心十足 【例】① 你要对自己有信心。 ② 他信心十足地参加了这次比赛。
兴奋 xīngfèn adj. excited	【配】很兴奋,兴奋地说 【例】① 听到这个好消息,他兴奋得跳了起来。 ② 你别太兴奋了,冷静一点儿!
行 xíng v./adj. be all right, will do; capable	【配】都行,真行 【例】① 写上你的名字就行了。 ② 喝茶或者咖啡都行。 ③ 你竟然还会唱京剧,真行!
醒 xǐng v. regain consciousness, wake up	【配】睡醒了,醒过来 【例】① 他昏迷了一个月之后终于醒过来了。 ② 我早上5点就醒了。
幸福 xìngfú adj./n. happy; happiness	【配】幸福的童年,觉得幸福 【例】① 和你在一起,我觉得很幸福。 ② 我们靠劳动创造幸福。

性别 xìngbié *n.* sexual distinction, sex	【配】性别差异 【例】这个表格中要求填上姓名、年龄、性别等信息。 【扩】女性 (nǚxìng; female)
性格 xìnggé *n.* nature, temperament	【配】性格外向，开朗的性格 【例】① 这个女孩性格很内向，不太爱说话。 ② 他坚强的性格很吸引我。
修理 xiūlǐ *v.* repair, fix	【配】汽车修理，修理自行车 【例】① 爸爸开了一家汽车修理厂。 ② 他正在修理电视机。 【同】维修 (wéixiū)
许多 xǔduō *num.* many, much	【配】许多事，许多年 【例】① 我们许多年没见面了。 ② 这次，许多人都来了。
学期 xuéqī *n.* school term, semester	【配】新学期，学期结束 【例】① 我这个学期课不多。 ② 我在这个学校学了一个学期的汉语。

Y

压力
yālì
n. (mental) pressure, strain

【配】有压力,压力大
【例】① 马上就要考试了,我压力很大。
② 你这样我会有压力的。

牙膏
yágāo
n. toothpaste

【配】一支牙膏,买牙膏
【例】① 我的牙膏用完了。
② 我买了一支新牙膏。

亚洲
Yàzhōu
n. Asia

【例】① 你去过亚洲旅游吗?
② 亚洲人口很多。

呀
ya
part. (used instead of "啊" after a syllable ending in a, e, i, o or ü)

【配】好呀
【例】① 这座房子真大呀!
② 你快来呀!

严格 yángé *adj.* strict, rigorous	【配】管理严格，严格遵守 【例】① 他对自己要求很严格。 ② 请严格遵守 (zūnshǒu; observe) 考场规定。
严重 yánzhòng *adj.* serious, grave	【配】病情严重，严重的后果 【例】① 这次事故很严重。 ② 他的病十分严重。
研究 yánjiū *v.* study, research	【配】研究历史，认真研究 【例】① 王教授是研究中国历史的。 ② 出发之前，他花了半天时间认真研究了地图。 【扩】研究生 (yánjiūshēng; graduate student)
盐 yán *n.* salt	【配】放盐，一袋盐 【例】① 这个汤你少放点儿盐。 ② 这个菜盐放多了，好咸啊！

眼镜 yǎnjìng n. glasses	【配】一副 (m.) 眼镜，戴眼镜 【例】① A：我找不到我的眼镜了。 　　　B：你不正戴着它吗？ 　　② 桌子上有一副眼镜，是谁的啊？
演出 yǎnchū v./n. perform, show; performance	【配】参加演出 【例】①《卡门》今晚在国家大剧院演出。 　　② 他参加了很多电视剧的演出。
演员 yǎnyuán n. player, performer	【配】好演员，一名演员 【例】① 李丽想当演员。 　　② 这位女演员很漂亮。
阳光 yángguāng n. sunshine	【配】阳光灿烂，一缕阳光 【例】① 今天阳光很好。 　　② 阳光下，我们躺在湖边的草地上。

养成 yǎngchéng *v.* form, cultivate	【配】养成习惯 【例】① 他从小就养成了爱劳动的习惯。 ② 他养成了每天6点起床的习惯。
样子 yàngzi *n.* appearance, sample, tendency	【配】看样子 【例】① 看你不像有病的样子。 ② 这双鞋的样子真好看。 ③ 看样子他今天不会来了。
邀请 yāoqǐng *v./n.* invite; invitation	【配】邀请朋友,热情地邀请 【例】① 她很热情地邀请我们去她家玩。 ② 大家都收到了他的邀请。
要是 yàoshi *conj.* if, suppose	【配】要是……就…… 【例】① 要是你去,我就去。 ② 你要是不同意,就算了。
钥匙 yàoshi *n.* key	【配】一把钥匙,配钥匙 【例】① 一把钥匙开一把锁。 ② 我忘记带钥匙了。 【扩】锁 (suǒ; lock)

也许 yěxǔ *adv.* maybe, perhaps	【配】也许是,也许会 【例】① 我今天也许不能去你家了。 ② 也许他也喜欢你。
叶子 yèzi *n.* leaf	【配】一片叶子,树叶子 【例】① 秋天来了,树上的叶子都变黄了。 ② 银杏树的叶子好漂亮啊! 【扩】茶叶 (cháyè; tea leaves)
页 yè *m.* leaf, sheet, page	【配】翻页 【例】① 他规定自己每天看10页书。 ② 这本书的第128页被折起来了。
一切 yíqiè *pron.* all, everything	【配】一切想法 【例】① 他觉得自由比其他一切都重要。 ② 考试通过了,我付出的一切努力都是值得的。

以 yǐ *prep.* with, by means of	【例】	① 以你的实力，肯定没问题。 ② 他以一首《今天》成功进入决赛。
以为 yǐwéi *v.* think	【例】	① 我以为今天很冷呢。 ② 我还以为你今天不来上班呢。 ③ 他以为你不在办公室。
艺术 yìshù *n.* art, craft	【配】 【例】 【扩】	行为艺术，一种艺术 ① 他热爱艺术。 ② 这种艺术很多人都不懂。 艺术家 (yìshùjiā; artist)
意见 yìjiàn *n.* view, opinion, objection, complaint	【配】 【例】	有意见，提意见 ① 我们交换了对这件事的意见。 ② 很多人都对他有意见。

因此 yīncǐ *conj.* for this reason, as a result	【例】① 他生病了，因此没来上课。 ② 下雨了，因此运动会推迟到了明天。
引起 yǐnqǐ *v.* lead to, arouse	【配】引起注意 【例】① 他的出现引起一阵尖叫。 ② 这件事情引起了大家的注意。
印象 yìnxiàng *n.* impression	【配】有印象，好印象 【例】① 当地人的热情给我留下了很深印象。 ② 我对这件事没有一点儿印象了。
赢 yíng *v.* win	【配】赢球 【例】① 这次比赛，我们赢了。 ② 这首歌赢得了很多学生的喜爱。 【反】输

应聘 yìngpìn *v.* accept a job offer, apply for an advertised post	【配】应聘工作 【例】① 他应聘来这所学校当老师。 ② 他周一要去应聘一个经理的职位。
永远 yǒngyuǎn *adv.* forever	【配】永远不会 【例】① 我们要永远在一起。 ② 北京的地铁永远都有很多人。
勇敢 yǒnggǎn *adj.* brave	【配】很勇敢，勇敢的孩子 【例】① 他勇敢地冲了过去。 ② 他很勇敢，什么都不怕。
优点 yōudiǎn *n.* advantage, merit	【配】一种优点，优点很多 【例】① 他最大的优点就是有耐心。 ② 这种洗衣机有很多优点，例如节约水、洗得快。 【反】缺点

优秀 yōuxiù *adj.* excellent	【配】十分优秀，优秀的成绩 【例】① 这次考试他得了"优秀"。 ② 她是个优秀的学生。
幽默 yōumò *adj.* humourous	【配】很幽默，幽默的人 【例】① 你这个人真幽默。 ② 他幽默地回答了记者的问题。
尤其 yóuqí *adv.* especially	【配】尤其是 【例】① 他喜欢唱歌，尤其是流行歌。 ② 这几天很冷，今天尤其冷。
由 yóu *prep.* (be done) by, from	【配】由北向南，由我负责 【例】① 由北京出发坐高铁去上海要五六个小时。 ② 由你负责联系李教授。
由于 yóuyú *prep./conj.* due to, because of; since, because	【例】① 由于天气不好，这次活动取消了。 ② 由于他的失误，我们损失了20万。

邮局 yóujú *n.* post office	【配】去邮局 【例】① 请问附近哪儿有邮局? ② 我下午要去一趟邮局。
友好 yǒuhǎo *adj.* friendly	【配】很友好,对我友好 【例】① 这里的人们都热情友好。 ② 我们两国应继续保持友好关系。
友谊 yǒuyì *n.* friendship	【配】纯真的友谊,一份友谊 【例】① 这些天,两个孩子建立起了深厚的友谊。 ② 他们的这份友谊真让人感动! 【扩】友情 (yǒuqíng; friendship)
有趣 yǒuqù *adj.* interesting	【配】很有趣,有趣的故事 【例】① 他这个人很有趣。 ② 这本有趣的小说深深吸引了他。 【反】无聊

于是 yúshì *conj.* so, hence	【例】① 大家要他去,于是他就去了。 ② 他很开心,于是唱起歌来。
愉快 yúkuài *adj.* happy, joyful	【配】心情愉快,愉快的一天 【例】① 我们这次谈话很愉快。 ② 他们俩度过了愉快的一天。 【同】高兴
与 yǔ *prep./conj.* with; and	【配】与你无关,咖啡与牛奶 【例】① 这件事与我无关。 ② 我与小白认识十年了。 ③《战争与和平》是一本很有名的书。
羽毛球 yǔmáoqiú *n.* badminton	【配】打羽毛球,一个羽毛球 【例】① 他每天下午都去打羽毛球。 ② 我很喜欢打羽毛球。
语法 yǔfǎ *n.* grammar	【配】汉语语法,学语法 【例】① 汉语的语法不复杂。 ② 学好语法很重要。

语言 yǔyán *n.* language	【配】一种语言 【例】① 他会说八国语言。 ② 小张以后想学习语言专业。
预习 yùxí *v.* preview, prepare lessons before class	【配】预习课文，做预习 【例】① 请大家今天回去预习一下明天要学的内容。 ② 她每次上课前都会认真预习课文。 【反】复习
原来 yuánlái *adj./adv.* original; originally,	【配】原来的想法，原来是你 【例】① 他还住在原来的地方。 ② 原来是你啊！ 【扩】原价 (yuánjià; original price)
原谅 yuánliàng *v.* forgive	【配】原谅你，得到原谅 【例】① 你能原谅我吗？ ② 请原谅我的粗心吧！

原因 yuányīn *n.* reason, cause	【配】什么原因，没有原因 【例】① 他不参加这次比赛的原因是怕输。 ② 她走了，大家都不知道是什么原因。
约会 yuēhuì *v./n.* date	【配】和他约会 【例】① 他和女朋友约会去了。 ② 他永远也不会忘记他们的第一次约会。
阅读 yuèdú *v.* read	【配】阅读书报 【例】① 他最近阅读了很多有关历史的书。 ② 他有每天睡前阅读的习惯。
云 yún *n.* cloud	【配】一片 / 朵 (*m.*) 云，白云 【例】① 天上的白云真好看！ ② 你看那片云，像不像匹 (pǐ; *m.*) 马？

允许
yǔnxǔ
v. allow, permit

【配】得到允许，允许离开
【例】① 拿别人东西要经过别人的允许。
② 电影院里不允许抽烟。

Z

杂志
zázhì
n. magazine

【配】一本杂志，看杂志
【例】① 我订了一年的《汉语世界》杂志。
② 无聊的时候我就看看杂志。

咱们
zánmen
pron. we, us

【配】咱们大家
【例】① 咱们一起去看电影吧！
② 咱们的奖学金什么时候发？

暂时
zànshí
n. temporarily, for the moment

【配】暂时安排
【例】① 咱们暂时住在这儿吧。
② 刘老师病了，今天暂时由张老师给我们上课。
【扩】暂停 (zàntíng; pause, halt)

脏 zāng *adj.* dirty, filthy	【配】脏手，脏衣服
	【例】① 这件衣服脏了，该洗了。
	② 你别把书弄脏了。

责任 zérèn *n.* duty, responsibility	【配】一份责任，负责任
	【例】① 他是个很负责任的人。
	② 这件事是我的责任。

增加 zēngjiā *v.* increase, raise	【配】增加难度
	【例】① 今年我们学校的在校学生由800人增加到了900人。
	② 这个月他的体重增加了5公斤。
	【反】减少

占线 zhànxiàn *v.* (of a telephone line) be busy/engaged	【配】电话占线
	【例】① 我打了好几个电话给他，都占线。
	② 他的电话一直占线。

招聘 zhāopìn *v.* invite applications for a job	【配】招聘启事，招聘人才 【例】① 这家公司正在招聘设计师。 ② 你可以去这个网站看看，上面有很多招聘信息。
照 zhào *v.* shine, reflect, photograph	【配】阳光照着大地，照镜子，照两张照片 【例】① 太阳照在身上很暖和。 ② 镜子照出了他的脸。 ③ 要照一张好看的照片很不容易。
真正 zhēnzhèng *adj./adv.* real, genuine; indeed	【配】真正好 【例】① 这才是真正的川菜。 ② 这本汉语词典真正好。
整理 zhěnglǐ *v.* put in order, straighten out	【配】整理房间，重新整理 【例】① 你把这里整理一下吧。 ② 他花了一下午整理院子。

正常 zhèngcháng *adj.* normal, regular	【配】	正常人，很正常
	【例】	① 人的正常体温大约是37度。 ② 刚开始学汉语记不住单词是正常现象。
正好 zhènghǎo *adj./adv.* right; just in time	【配】	正好合适
	【例】	① 你来得正好，我刚要去找你。 ② 这件衣服他穿大小正好。 ③ 我昨天去找他时，正好他不在家。
正确 zhèngquè *adj.* right, correct	【配】	十分正确，正确答案
	【例】	① 这道题只有一个正确答案。 ② 你做出了一个正确的决定。
	【反】	错误
正式 zhèngshì *adj.* formal, official	【配】	正式开始，正式员工
	【例】	① 我正式告诉你：我要结婚了。 ② 你通过考试就可以成为正式员工了。

证明 zhèngmíng *v./n.* prove, testify (to); certificate, identification	【配】	事实证明，学位证明，提供证明
	【例】	① 我能证明他昨天没出去。 ② 事实证明我是对的。 ③ 请病假需要医生提供的证明。
之 zhī *part.* (used between an attribute and the word it modifies)	【配】	无价之宝，十分之九
	【例】	① 这件事十之八九是真的。 ② 这次西藏之旅真是叫人难忘。
	【扩】	之后 (zhīhòu; later, after) 之间 (zhījiān; between, among) 之前 (zhīqián; before, ago)
支持 zhīchí *v.* support	【配】	支持他，大力支持
	【例】	① 不管你怎么决定，我都支持你。 ② 我的想法得到了全家人的支持。

知识 zhīshi *n.* knowledge	【配】专业知识，学习知识 【例】① 这次我们学到了很多关于植物的知识。 ② 多学点知识总是有好处的。
直接 zhíjiē *adj.* direct	【配】直接关系，直接去 【例】① 他说话很直接，想到什么说什么。 ② 这件事你直接跟总经理说吧。 【反】间接 (jiànjiē)
值得 zhídé *v.* be worth	【配】值得买，不值得 【例】① 他这种精神值得我们学习。 ② 这部电影很值得看。
职业 zhíyè *n./adj.* occupation; professional	【配】他的职业，职业运动员 【例】① 他的职业是警察。 ② 她是一名职业运动员。
植物 zhíwù *n.* plant, vegetable	【配】一株植物，绿色植物 【例】① 植物园里有各种各样的植物。 ② 这是一株什么植物？

只好 zhǐhǎo *adv.* have to, have no choice but	【例】① 这么晚已经没有车了，我们只好走回去了。 ② 下大雨了，我只好待在家里。
只要 zhǐyào *conj.* if only	【例】① 只要努力，你一定能学好汉语。 ② 我们只要 8 点之前到学校就可以了。
指 zhǐ *v.* point at, refer to	【配】指向 【例】① 他指了指桌子，说："放那儿吧。" ②"东方之珠"指的是香港。 【扩】指出 (zhǐchū; point out)
至少 zhìshǎo *adv.* at least	【配】至少有 【例】① 他至少吃了 5 个包子。 ② 从这里走到学校，至少要半个小时。
质量 zhìliàng *n.* quality	【配】质量好，教学质量 【例】① 这鞋子质量真好。 ② 我们要想办法提高教学质量。

重 zhòng *adj.* heavy	【配】重物 【例】① 小孩提不动重物。 ② 这个书包很重。 【反】轻
重点 zhòngdiǎn *n.* focal point, emphasis	【配】重点工作，重点内容 【例】① 这句话是全文的重点。 ② 修建三环路是今年的重点工作。
重视 zhòngshì *v.* set store by, attach importance to	【配】引起重视，重视学习 【例】① 他很重视这次比赛。 ② 大家要重视语法学习。
周围 zhōuwéi *n.* circum-ambience	【配】周围地区，眼睛周围 【例】① 这座房子周围全是花。 ② 周围的人都在看你。
主意 zhǔyi *n.* idea, definite view	【配】出主意，改变主意，好主意 【例】① 你来出出主意，这次怎么给他过生日。 ② 这是个好主意。

祝贺 zhùhè *v.* congratulate	【配】祝贺你，热烈祝贺 【例】① 祝贺你通过考试。 ② 我们向小李表示热烈祝贺。
著名 zhùmíng *adj.* famous, celebrated	【配】很著名，著名演员 【例】① 他是一位著名作家。 ② 下面有请著名歌唱家为大家演唱。
专门 zhuānmén *adv.* on purpose	【配】专门来 【例】① 他是专门研究中国历史的。 ② 我是专门来看你的。 【同】特意 (tèyì)
专业 zhuānyè *n.* specialised subject	【配】英语专业，专业课 【例】① 她是中文专业的学生。 ② 他的专业是对外汉语。
转 zhuǎn *v.* turn, shift, change	【配】向左转，转机，晴转多云 【例】① 前面的路口向右转就是大使馆。 ② 从学校到长城要先坐地铁，再转公交。 ③ 明天的天气是晴转小雨。

赚 zhuàn *v.* make a profit, gain	【配】赚钱 【例】① 他一天可以赚 100 块钱。 ② 我们今天赚了很多钱。 【反】赔 (péi)
准确 zhǔnquè *adj.* accurate, precise	【配】十分准确，准确的答案 【例】① 这趟车开车的准确时间是 11 点。 ② 他的消息一般都很准确。
准时 zhǔnshí *adj.* punctual, on time	【配】很准时，准时开始 【例】① 我们明天 5 点准时出发。 ② 他向来很准时，今天怎么迟到了？
仔细 zǐxì *adj.* careful, attentive	【配】很仔细，仔细听 【例】① 我仔细看了一下说明书。 ② 做完题再仔细检查一下。 【扩】细心 (xìxīn; careful)
自然 zìrán *n./adj./adv.* nature; natural; naturally	【配】大自然，很自然 【例】① 儿童应该多到大自然中去。 ② 这张照片拍得很自然。 ③ 你多练习，自然就会说得好。

自信 zìxìn *adj./v.* confident; be self-confident	【配】非常自信，自信心 【例】① 他非常自信。 ② 你应该自信一点儿。
总结 zǒngjié *v./n.* sum up; summary	【配】总结经验，总结工作，写总结 【例】① 请同学们总结一下这个月的学习情况。 ② 他到处旅游，总结出很多经验。 ③ 爸爸正在写工作总结。
租 zū *v.* rent, charter	【配】租房子，租出去，出租 【例】① 这里的书是可以租的。 ② 他租了一间小房子。 【扩】房租 (fángzū; house rent) 租金 (zūjīn; rent)
最好 zuìhǎo *adj./adv.* best; had better	【配】最好的东西，最好不要 【例】① 这是我们这里最好的茶叶。 ② 你现在最好别去找他，他正在生气呢。

尊重 zūnzhòng *v.* respect	【配】尊重他，受到尊重 【例】① 我们应该尊重每个国家的文化。 ② 我尊重你的意见。
左右 zuǒyòu *n./v.* left and right sides, (used after a number) about, or so; control	【配】左右手，陪伴左右，三十岁左右 【例】① 他日夜守在生病的妻子左右。 ② 他利用权力左右别人的意见。
作家 zuòjiā *n.* writer, author	【配】一位作家，著名女作家 【例】① 莫言 (Mó Yán) 是中国的著名作家。 ② 他在成为作家以前是个医生。
作用 zuòyòng *n.* effect	【配】作用很大，没有作用 【例】① 字典的作用很大。 ② 这药我吃过，对我没有作用。

作者 zuòzhě *n.* author	【配】一位作者 【例】① 这篇文章的作者我认识。 ② 这位作者是个很有趣的人。
座 zuò *m.* (for mountains, buildings, and other similar immovable objects)	【配】一座山，一座楼 【例】① 公园里立着一座雕像 (diāoxiàng; sculpture)。 ② 这座山好高啊！
座位 zuòwèi *n.* seat, place to sit	【配】安排座位，找座位 【例】① 我们进去的时候已经没有座位了。 ② 你快找个座位坐下吧。

附录

附表1：重组默认词

	重组默认词		大纲词
1	保修期	bǎoxiūqī	保证 修理 学期
2	餐桌	cānzhuō	餐厅 桌子
3	茶叶	cháyè	茶 叶子
4	长处	chángchù	长 好处
5	车窗	chēchuāng	公共汽车 窗户
6	车速	chēsù	出租车 速度
7	成败	chéngbài	成功 失败
8	乘客	chéngkè	乘坐 客人
9	传真机	chuánzhēnjī	传真 照相机
10	存放	cúnfàng	存 放
11	打败	dǎbài	打扫 失败
12	打印机	dǎyìnjī	打印 照相机
13	大海	dàhǎi	大 海洋
14	电视剧	diànshìjù	电视 京剧
15	房租	fángzū	房间 租
16	肥胖	féipàng	减肥 胖
17	丰富多彩	fēngfù-duōcǎi	丰富 多 精彩
18	风速	fēngsù	刮风 速度
19	服务区	fúwùqū	服务员 郊区
20	父母	fùmǔ	父亲 母亲

21	付费	fùfèi	付款 免费
22	复印机	fùyìnjī	复印 照相机
23	富有	fùyǒu	富 有
24	购买	gòumǎi	购物 买
25	观看	guānkàn	参观 看
26	海水	hǎishuǐ	海洋 水
27	寒冷	hánlěng	寒假 冷
28	坏处	huàichù	坏 好处
29	环保	huánbǎo	环境 保护
30	货物	huòwù	售货员 购物
31	获取	huòqǔ	获得 取
32	加倍	jiābèi	增加 倍
33	加入	jiārù	参加 入口
34	价钱	jiàqián	价格 钱
35	减轻	jiǎnqīng	减少 轻
36	奖学金	jiǎngxuéjīn	奖金 学习
37	降价	jiàngjià	降低 价格
38	降温	jiàngwēn	降低 温度
39	交谈	jiāotán	交流 谈
40	金钱	jīnqián	现金 钱
41	进入	jìnrù	进 入口
42	景点	jǐngdiǎn	景色 地点
43	警察局	jǐngchájú	警察 邮局
44	举例	jǔlì	举 例如
45	科技	kējì	科学 技术

46	快速	kuàisù	快 速度
47	垃圾袋	lājīdài	垃圾桶 塑料袋
48	礼拜六	lǐbàiliù	礼拜天 六
49	例子	lìzi	例如 句子
50	留言	liúyán	留 语言
51	旅程	lǚchéng	旅游 过程
52	美好	měihǎo	美丽 好
53	美景	měijǐng	美丽 景色
54	美味	měiwèi	美丽 味道
55	能够	nénggòu	能 够
56	女性	nǚxìng	女 性别
57	牌子	páizi	登机牌 筷子
58	气温	qìwēn	天气 温度
59	亲情	qīnqíng	父亲 感情
60	取得	qǔdé	取 获得
61	全身	quánshēn	全部 完全 身体
62	入睡	rùshuì	入口 睡觉
63	入学	rùxué	入口 学校
64	山区	shānqū	爬山 郊区
65	商场	shāngchǎng	商店 机场
66	时速	shísù	小时 速度
67	售票员	shòupiàoyuán	售货员 票
68	树叶	shùyè	树 叶子
69	孙女	sūnnǚ	孙子 女
70	谈话	tánhuà	谈 说话

71	谈论	tánlùn	谈 讨论
72	提交	tíjiāo	提 交
73	体温	tǐwēn	身体 温度
74	听众	tīngzhòng	听 观众
75	停车	tíngchē	停 出租车
76	停止	tíngzhǐ	停 禁止
77	网页	wǎngyè	网站 页
78	网址	wǎngzhǐ	网站 地址
79	午餐	wǔcān	中午 餐厅
80	细心	xìxīn	仔细 小心
81	下降	xiàjiàng	下 降落
82	香味	xiāngwèi	香 味道
83	信箱	xìnxiāng	信封 行李箱
84	选购	xuǎngòu	选择 购物
85	选取	xuǎnqǔ	选择 取
86	研究生	yánjiūshēng	研究 学生
87	用处	yòngchù	用 好处
88	友情	yǒuqíng	友谊 爱情
89	原价	yuánjià	原来 价格
90	暂停	zàntíng	暂时 停
91	增多	zēngduō	增加 多
92	增进	zēngjìn	增加 进
93	增长	zēngzhǎng	增加 长
94	之后	zhīhòu	之 后来
95	之间	zhījiān	之 中间

96	之前	zhīqián	之 以前
97	之所以	zhīzuǒyǐ	之
			因为……所以……
98	指出	zhǐchū	指 出
99	住址	zhùzhǐ	住 地址
100	租金	zūjīn	租 现金
101	做梦	zuòmèng	做 梦

附表2：减字默认词

	重组默认词		大纲词
1	按	àn	按照
2	报	bào	报名
3	表	biǎo	表格
4	并	bìng	并且
5	超	chāo	超过
6	成	chéng	成为
7	乘	chéng	乘坐
8	此	cǐ	因此
9	粗	cū	粗心
10	袋	dài	塑料袋
11	得	dé	获得
12	登机	dēngjī	登机牌
13	堵	dǔ	堵车
14	队	duì	排队

15	反	fǎn	相反
16	放假	fàngjià	放暑假
17	费	fèi	免费
18	封	fēng	信封
19	负	fù	负债
20	付	fù	付款
21	改	gǎi	改变
22	钢琴	gāngqín	弹钢琴
23	公路	gōnglù	高速公路
24	购	gòu	购物
25	盒	hé	盒子
26	活	huó	生活
27	货	huò	售货员
28	获	huò	获得
29	既	jì	既然
30	加	jiā	增加
31	加油	jiāyóu	加油站
32	减	jiǎn	减少
33	江	jiāng	长江
34	将	jiāng	将来
35	奖	jiǎng	奖金
36	降	jiàng	降低
37	仅	jǐn	不仅
38	竟	jìng	竟然
39	距	jù	距离

40	可	kě	可是
41	拒	jù	拒绝
42	聚	jù	聚会
43	烤	kǎo	烤鸭
44	垃圾	lājī	垃圾桶
45	凉	liáng	凉快
46	量	liàng	数量
47	列	liè	排列
48	另	lìng	另外
49	落	luò	降落
50	美	měi	美丽
51	免	miǎn	免费
52	暖	nuǎn	暖和
53	排	pái	排队
54	普通	pǔtōng	普通话
55	其	qí	其中
56	弃	qì	放弃
57	全	quán	全部
58	缺	quē	缺少
59	仍	réng	仍然
60	入	rù	入口
61	稍	shāo	稍微
62	生	shēng	出生
63	受	shòu	受到
64	售	shòu	售货员

65	熟	shú	熟悉
66	暑假	shǔjià	放暑假
67	塑料	sùliào	塑料袋
68	填	tián	填空
69	弹	tán	弹钢琴
70	通	tōng	通过
71	同	tóng	相同
72	桶	tǒng	垃圾桶
73	卫生	wèishēng	卫生间
74	味	wèi	味道
75	信	xìn	信封
76	修	xiū	修理
77	鸭	yā	烤鸭
78	演	yǎn	表演
79	引	yǐn	引起
80	羽毛	yǔmáo	羽毛球
81	优	yōu	优点
82	原	yuán	原来
83	约	yuē	大约　约会
84	增	zēng	增加
85	招	zhāo	招聘
86	招呼	zhāohu	打招呼
87	折	zhé	打折
88	针	zhēn	打针
89	值	zhí	值得

| 90 | 祝 | zhù | 祝贺 |

附表3：特例词

	特例词	说明
1	《北京爱情故事》 《Běijīng Àiqíng Gùshi》	电影名
2	《海洋馆的约会》 《Hǎiyángguǎn de Yuēhuì》	电影名
3	《红楼梦》 《Hónglóu Mèng》	书名
4	《寄小读者》 《Jì Xiǎo Dúzhě》	书名
5	《人与自然》 《Rén yǔ Zìrán》	书名
6	《十万个为什么》 《Shíwàn Gè Wèishénme》	书名
7	《现代汉语词典》 《Xiàndài Hànyǔ Cídiǎn》	书名
8	《勇敢的心》 《Yǒnggǎn de Xīn》	电影名
9	《长江之歌》 《Cháng Jiāng zhī Gē》	歌名
10	《周公解梦》 《Zhōugōng Jiě Mèng》	书名

11	《走四方》	《Zǒu Sìfāng》	歌名
12	冰心	Bīngxīn	名字
13	长白山	Chángbái Shān	山名
14	长江大桥	Cháng Jiāng Dà Qiáo	建筑名
15	电影艺术节 diànyǐng yìshùjié		节名
16	广东	Guǎngdōng	地名
17	国家大剧院 Guójiā Dà Jùyuàn		单位组织名
18	海南	Hǎinán	地名
19	红叶节	Hóngyè Jié	节名
20	黄奶奶	Huáng nǎinai	称呼
21	江西省	Jiāngxī Shěng	地名
22	九江市	Jiǔjiāng Shì	地名
23	李博士	Lǐ bóshì	称呼
24	李洋	Lǐ Yáng	名字
25	丽江	Lìjiāng	地名
26	丽丽	Lìlì	名字
27	"六一"儿童节 "Liù-Yī" Értóngjié		节日名
28	马记者	Mǎ jìzhě	称呼
29	民族大学	Mínzú Dàxué	单位组织名
30	南京路106号 Nánjīng Lù 106 hào		街道名
31	南京市	Nánjīng Shì	地名

32	爬山虎	páshānhǔ	植物名
33	三亚	Sānyà	地名
34	山西	Shānxī	地名
35	上海	Shànghǎi	地名
36	世纪宾馆	Shìjì Bīnguǎn	单位组织名
37	首都机场	Shǒudū Jīchǎng	单位组织名
38	首都体育馆	Shǒudū Tǐyùguǎn	单位组织名
39	孙师傅	Sūn shīfu	称呼
40	汤教授	Tāng jiàoshòu	称呼
41	王护士	Wáng hùshi	称呼
42	王小帅	Wáng Xiǎoshuài	名字
43	西安	Xī'ān	地名
44	西山森林公园	Xīshān Sēnlín Gōngyuán	地名
45	西直门	Xīzhí Mén	地名
46	香山	Xiāng Shān	山名
47	小林	Xiǎo Lín	称呼
48	小云	Xiǎoyún	称呼
49	亚洲艺术节	Yàzhōu Yìshùjié	节名
50	幽默大师	yōumò dàshī	称呼
51	云南	Yúnnán	地名
52	张大夫	Zhāng dàifu	称呼